三河に岩瀬文庫あり

図書館の原点を考える

塩村 耕＝編

岩瀬弥助肖像

岩瀬弥助の肖像は数点しか残されていない。
写真を撮られることを好まなかったと伝えられている。

風媒社

岩瀬文庫
早わかりQ＆A

Q　岩瀬文庫は三河の城下町、西尾にあるそうですが、江戸時代の西尾藩に由来するのですか？

A　いいえ、違います。明治元年の前年、慶応三年（一八六七）に西尾で生まれた、岩瀬弥助という人が、独力で書物を集めて拵《こしら》えた文庫です。

Q　なるほど、蔵書家だったのですね。三井や三菱など、明治時代の主な財閥はみな蔵書を集めたと聞いたことがあります。

A　ただ、岩瀬弥助は通常の蔵書家とは違います。最初から人々に無償で公開する私立図書館として創設しました。開館したのは明治四十一年五月六日のことです。

Q　どれくらいの蔵書があるのでしょうか？

A　冊数では八万一千冊余り、点数では二万三千タイトル余りになります。

Q　それはすごい。明治という新時代に、たくさんの書物を通して、新たな知識を人々に提供しようとしたのですね。

A　たしかに当時の新刊書も、学術書や全集・叢書を中心に多いのですが、それよりも何倍もの資金を投じて、古書を大量に集めています。岩瀬文庫の蔵書は、主に江戸時代につくられた古典籍が中心なのです。

Q　へえー、じゃあ岩瀬弥助は何か昔のことを研究していたのですか？

岩瀬文庫本館

A　いいえ、弥助はあくまでも商人です。家業は肥料商で、若いころからめきめきと商才を発揮し、三十代で地元幡豆郡で随一の高額所得者になりました。

Q　商人がどうして古書専門の特殊な図書館をつくったのですか？

A　さあ、そこが不思議なところで、これまでよくわかりませんでした。弥助自身も、そのことについて多くを語っていないからです。ところが、最近になって、ようやくその謎が少しずつ明らかになってきました。
Q　それにしても、百年以上も文庫が維持されているというのは、すごいことですね。
A　はい、全国でも珍しい例だと思います。でも、決して平坦な道だった訳ではありません。昭和五年に岩瀬弥助が亡くなってからは、戦争による社会混乱や大地震により文庫は大打撃を蒙りました。戦後にはほとんどちりぢりばらばらになりかけた文庫を守ったのは、結局、弥助の高い志を知る西尾の市民の後押しだったのです。文庫は散逸をまぬがれ、昭和三十年からは西尾市の所管となり、現在は「西尾市岩瀬文庫」として運営されています。
Q　そうだったのですね。でも古典籍専門の文庫というと、ちょっと敷居が高い気がします。
A　そんなことはありません。岩瀬文庫は平成十五年に「日本初の古書ミュージアム」としてリニューアルオープンしました。たとえば、さまざまな和装本の装丁、写本（手書きの本）の特徴、版本（印刷された本）の歴史などを、グラフィックや映像を通してわかりやすく紹介しています。また蔵書の一部をレプリカにして開架し、実際に手にとって体感できるコーナーもあります。ちょっと取り扱いのむずかしい巻子本（巻物）や畳み物（大きな絵図類）に挑戦する子どもたちもいますよ。
Q　それは面白そうですね。原本はマイクロフィルムなどで見るのでしょうか？
A　いいえ。創設者岩瀬弥助の遺志を継いで、閲覧室ではどなたでも、どの書物でも、原本をじかに読むことができます。ガラスケース越しやパソコンの画像では決して伝わらない、和紙の柔らかな手触り、独特の匂いや雰囲気を五感で味わうならば、時空を超えて古人と心を通わせる歓びが訪れることでしょう。
Q　いちど訪ねてみたくなりました。それでは、いったいどんな本があるのでしょうか？　これはという面白そうな本を教えて下さい。
A　それこそむずかしい質問ですね。この文庫はありとあらゆる分野の古書に満ちあふれていますから…。それでもあえて、特色のある蔵書をいくつか選んでみましょうか。（以下、8ページへと続く。）

旧書庫（手前）と新収蔵庫（奥）

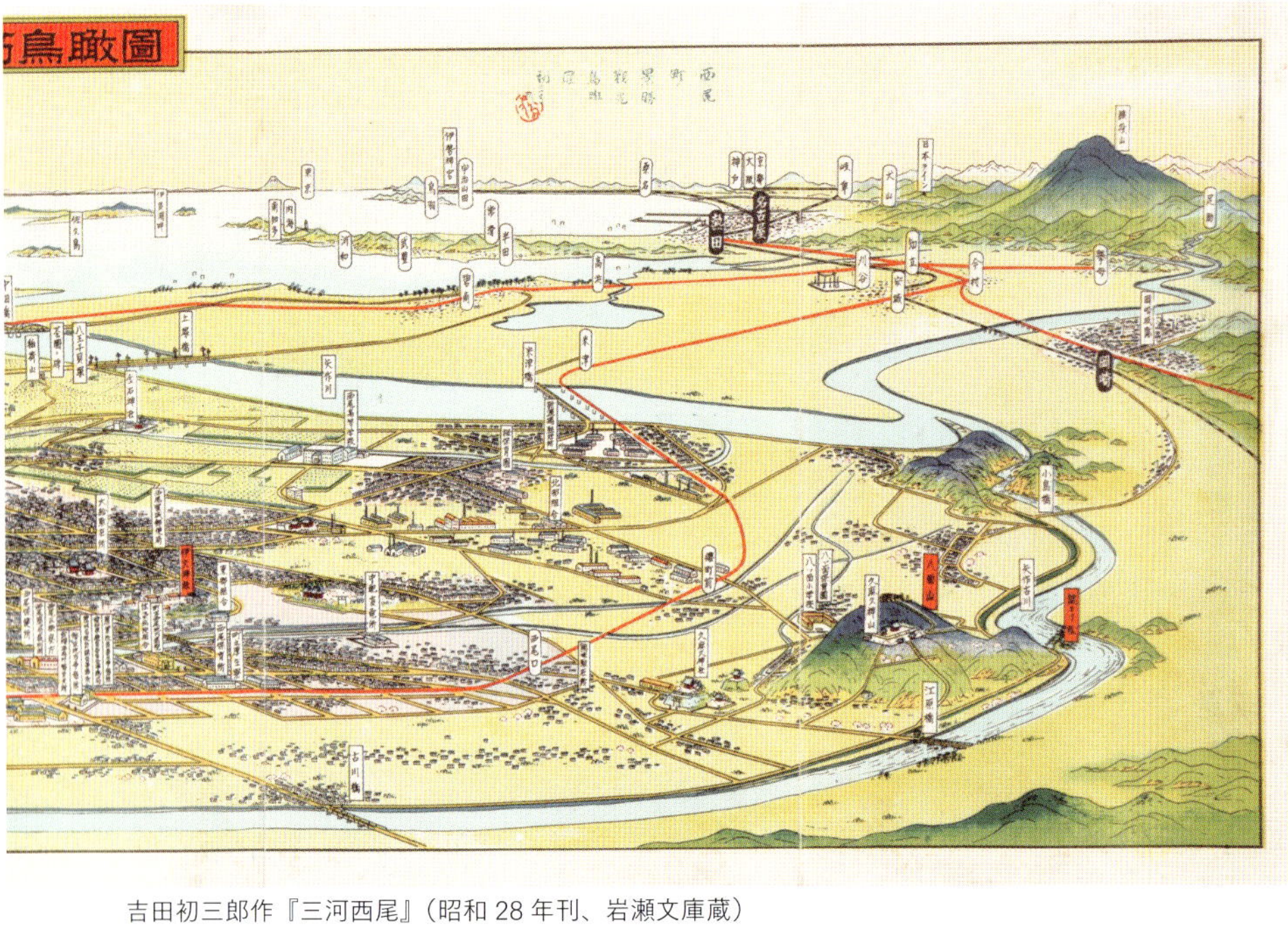

吉田初三郎作『三河西尾』（昭和 28 年刊、岩瀬文庫蔵）

目次 **三河に岩瀬文庫あり** 図書館の原点を考える

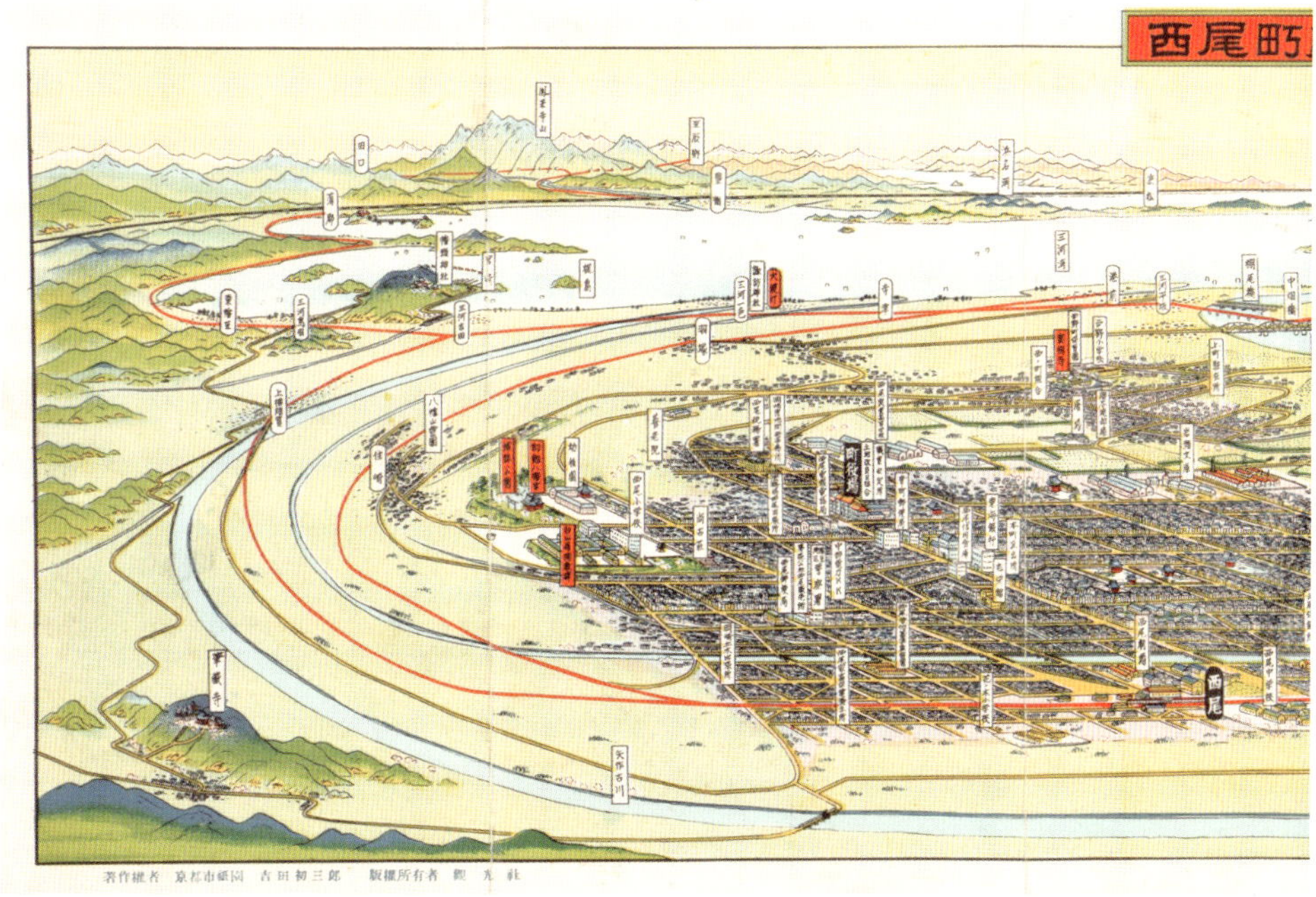

明治維新当時の西尾城下

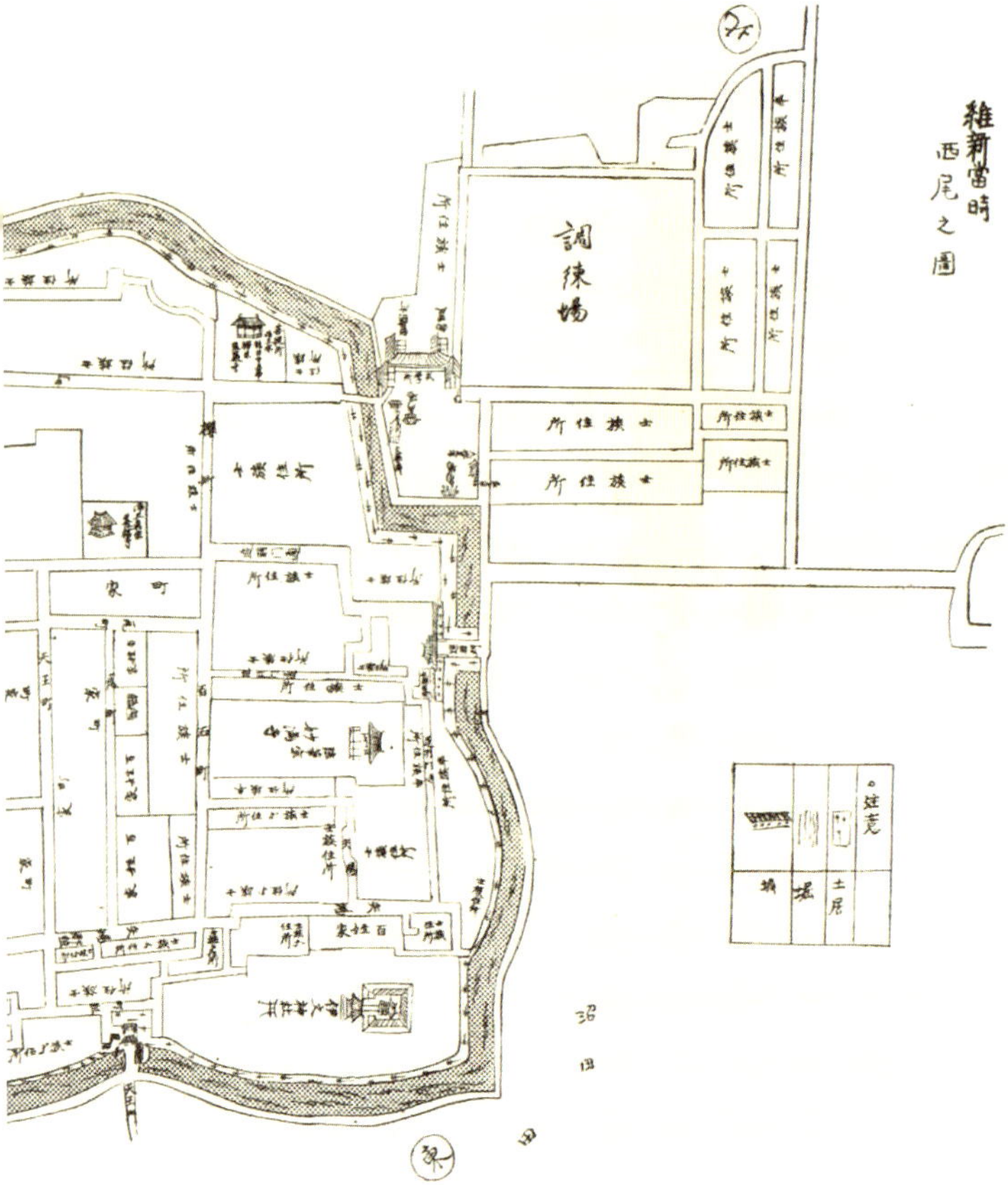

「維新当時西尾之図」（昭和８年刊『西尾町史』より）
こののち、明治 41 年に岩瀬文庫がつくられたのは右上の調練場（藩兵の訓練場）の位置。城下町の外に張り出したこの地は新屋敷町と呼ばれ、もともと幕末に参勤交代制度が緩和されたのを機に西尾に帰った江戸詰藩士たちのためにつくられた屋敷町であった。

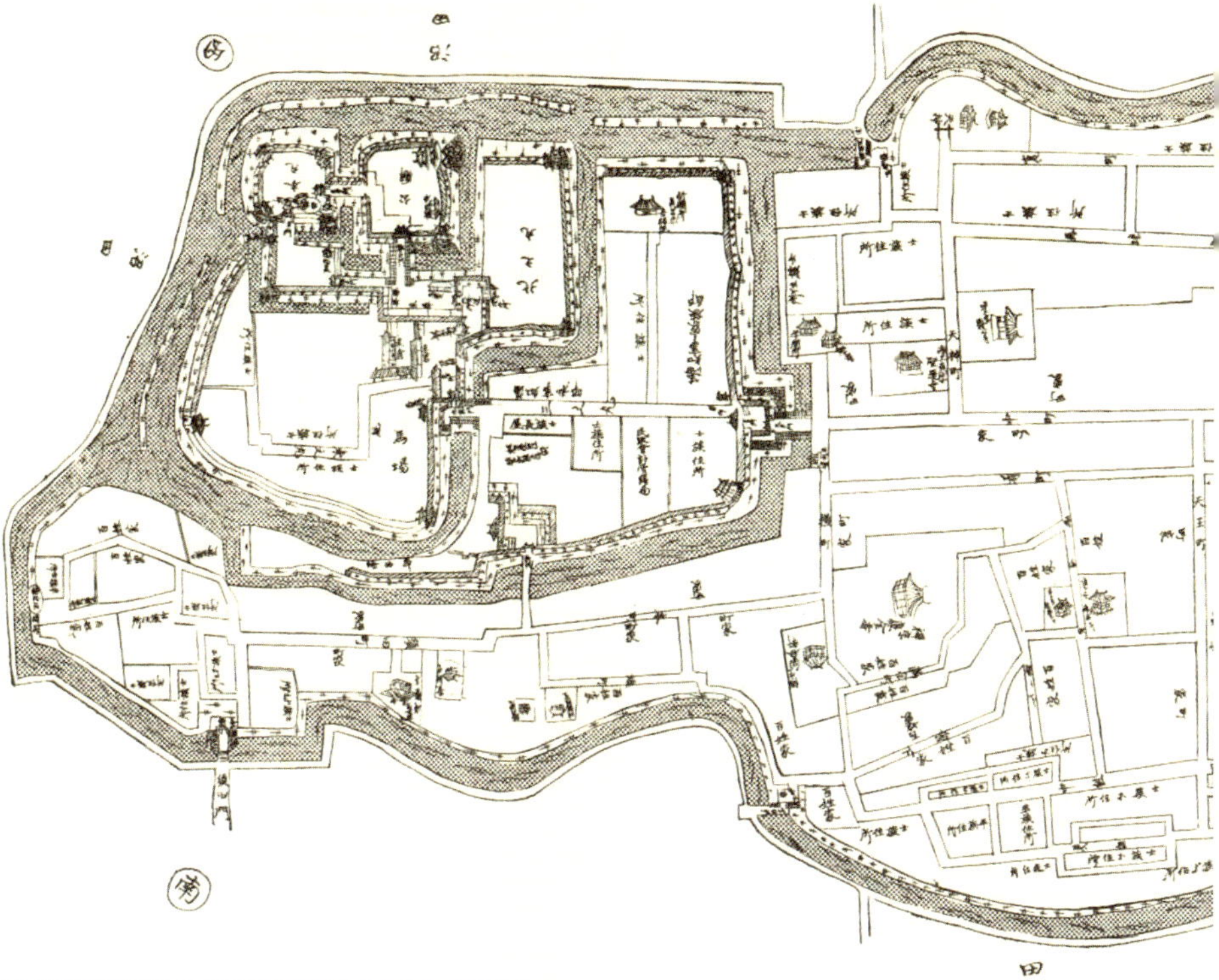

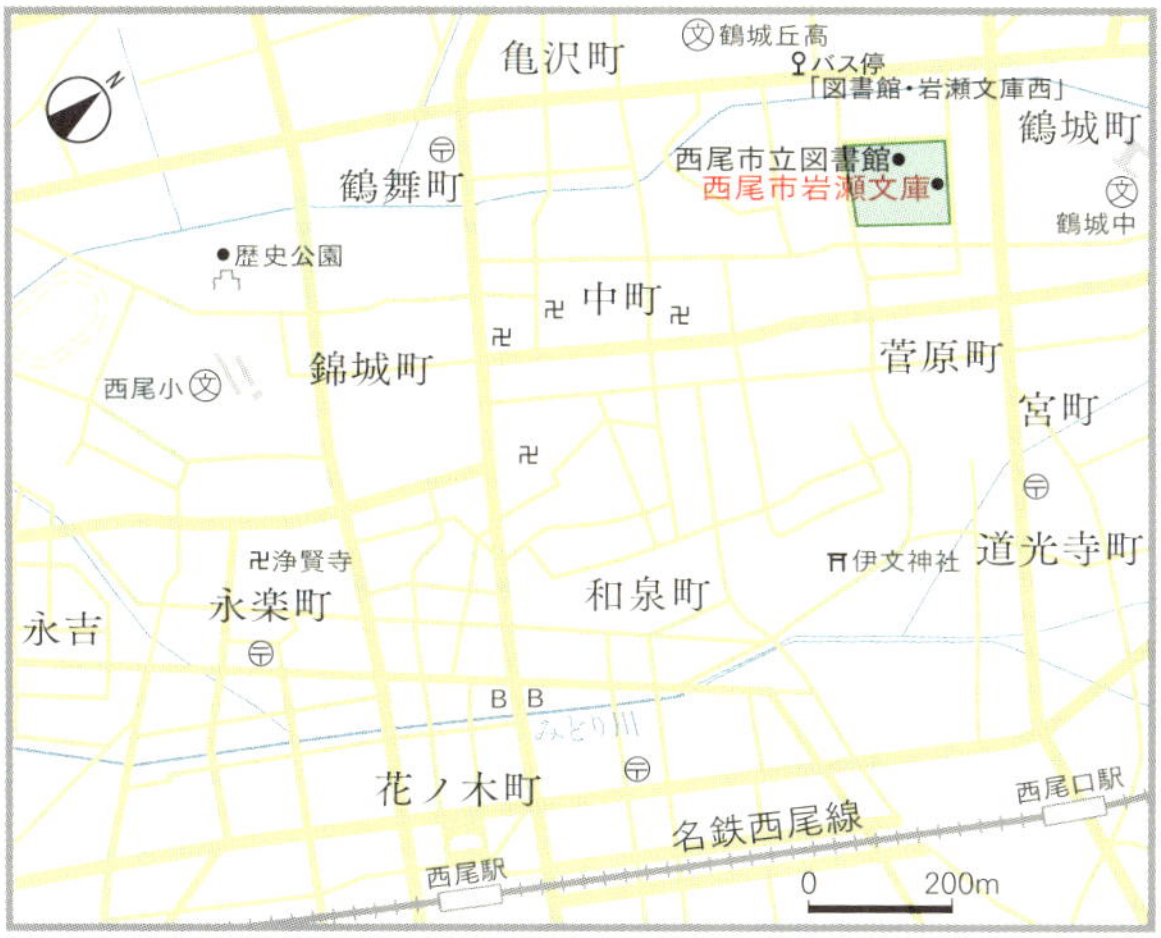

現在の西尾市街（薄い青は上の地図のお掘の位置を示す）

西尾の旧城下町の散策マップは西尾市観光協会HPよりダウンロードできる。
http://www.240kanko.com/

岩瀬文庫の世界

平成悉皆調査を踏まえ、岩瀬文庫の多様な特色を示す蔵書の一部を紹介しよう。

一家を挙げて編纂に取り組んだ史書

『続史愚抄』

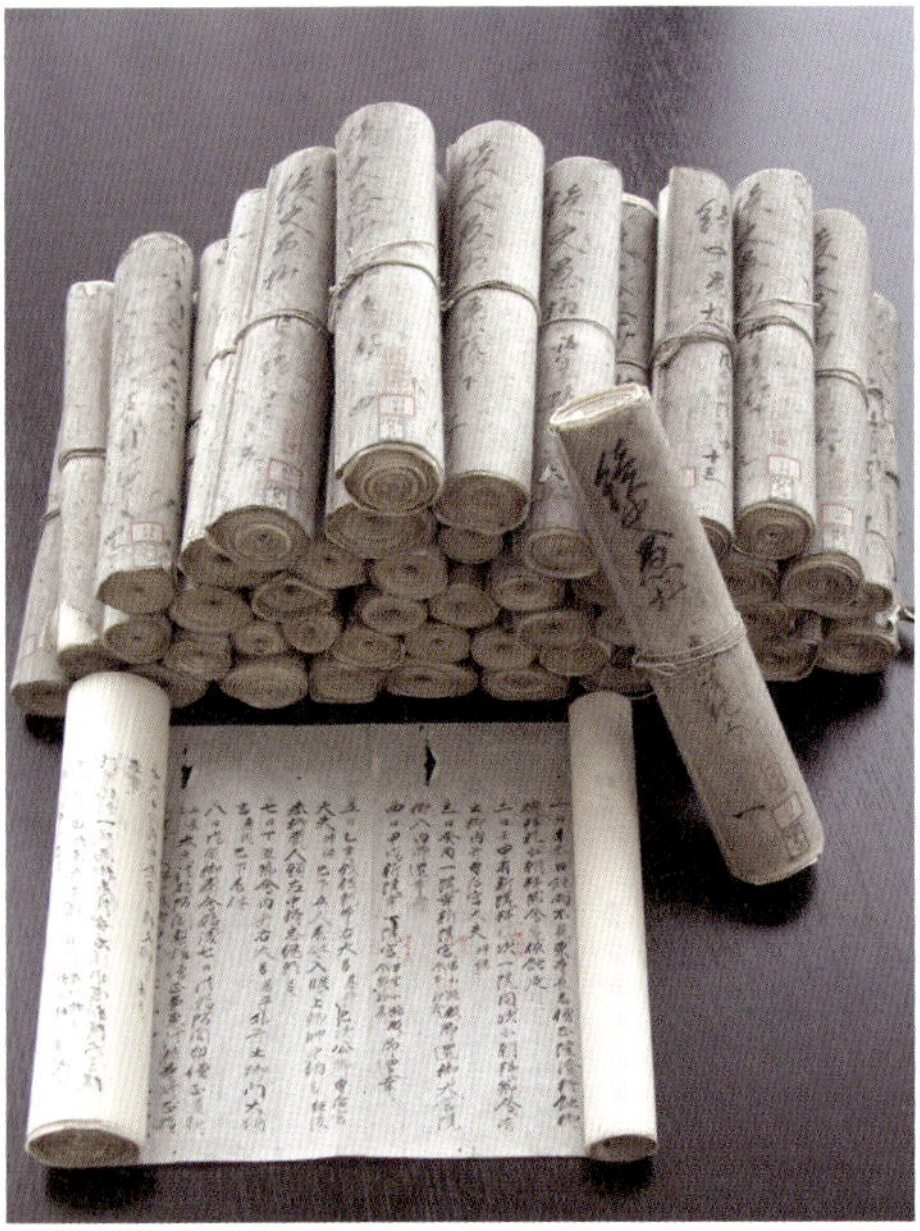

書名は「ゾク・シグショウ」ではなく「ゾクシ・グショウ」と読む。史つまり六国史（『日本書紀』以下、奈良・平安時代に作成された六部の史書で、その後、官撰の史書は中絶した）を継ぐ史書の意味だ。内容は鎌倉時代の亀山天皇より江戸時代中期の後桃園天皇まで五百年余り、朝廷を中心とした主な出来

事を漢文体で記載する。さまざまな資料を駆使して編纂された簡便な史書で、中には依拠した資料に現存しないものもあり、貴重な記録となっている。

この労作を編んだのは、柳原紀光《もとみつ》（一七四六～一八〇〇）という公家だ。紀光は公家として順調に昇進し、権大納言に在任中の三十三歳の安永七年（一七七八）、無断で近江の長命寺に参詣したことから勅勘を蒙り出仕を止められる。その背景には他の公家の讒言《ざんげん》があったという。ところが、紀光の偉いのはここからで、これをむしろ好機として公務を退き史書編纂に没頭するのである。それは紀伝道の家を再興して国史を編纂するという宿願を果たせぬまま没した父光綱（一七一一～六〇）の遺志を継ぐためであった。

柳原家の旧蔵書の多くは、岩瀬文庫に現存する。その主要な部分は紀光の時代に集積されたもので、史書編纂の参考のために、公家の家々に秘蔵する資料を借り出し、書写校訂したものが多い。その際には、紀光だけでなく、その姉妹や子女、家臣たちが家を挙げて筆写作業に取り組んでいる。彼らの筆蹟は、時代を突出して優れた紀光の筆蹟に似通っており、彼らがひとしく当主の熱意に心服していたことをうかがわせる。

江戸城刃傷事件を勅使が叙述した日記
『関東下向道中記《かんとうげこうどうちゅうき》』

これも柳原家の旧蔵書で、紀光の曽祖父に当たる柳原資廉《すけかど》（一六四四～一七一二）による自筆資料である。資廉は元禄前後、朝廷と幕府との間を折衝する武家伝奏《てんそう》という役職を務めたが、その重要な職務の一つが、毎年三月頃に年賀の勅使として江戸に下向し、将軍に対面することだった。これは元禄十四年（一七〇一）に江戸に下った際の旅日記の原本だ。すなわち、資廉は、赤穂事件のきっかけとなった三月十四日の江戸城松の廊下における刃傷事件の時の勅使だった。

日記にはこの事件について次のように記されている。「十四日、今日御暇《おいとま》。三人登城、秋ノ野間ニ祇《し》候《こう》。然所《しかるところ》、馳走人浅野内匠《たくみ》、乱気歟《か》、次ノ廊下ニテ吉良上野介ヲキル。大《おお》ニ騒動、絶言語也（言語ヲ絶スルナリ）。事了《ことおわり》、畳ナド清メラル」。

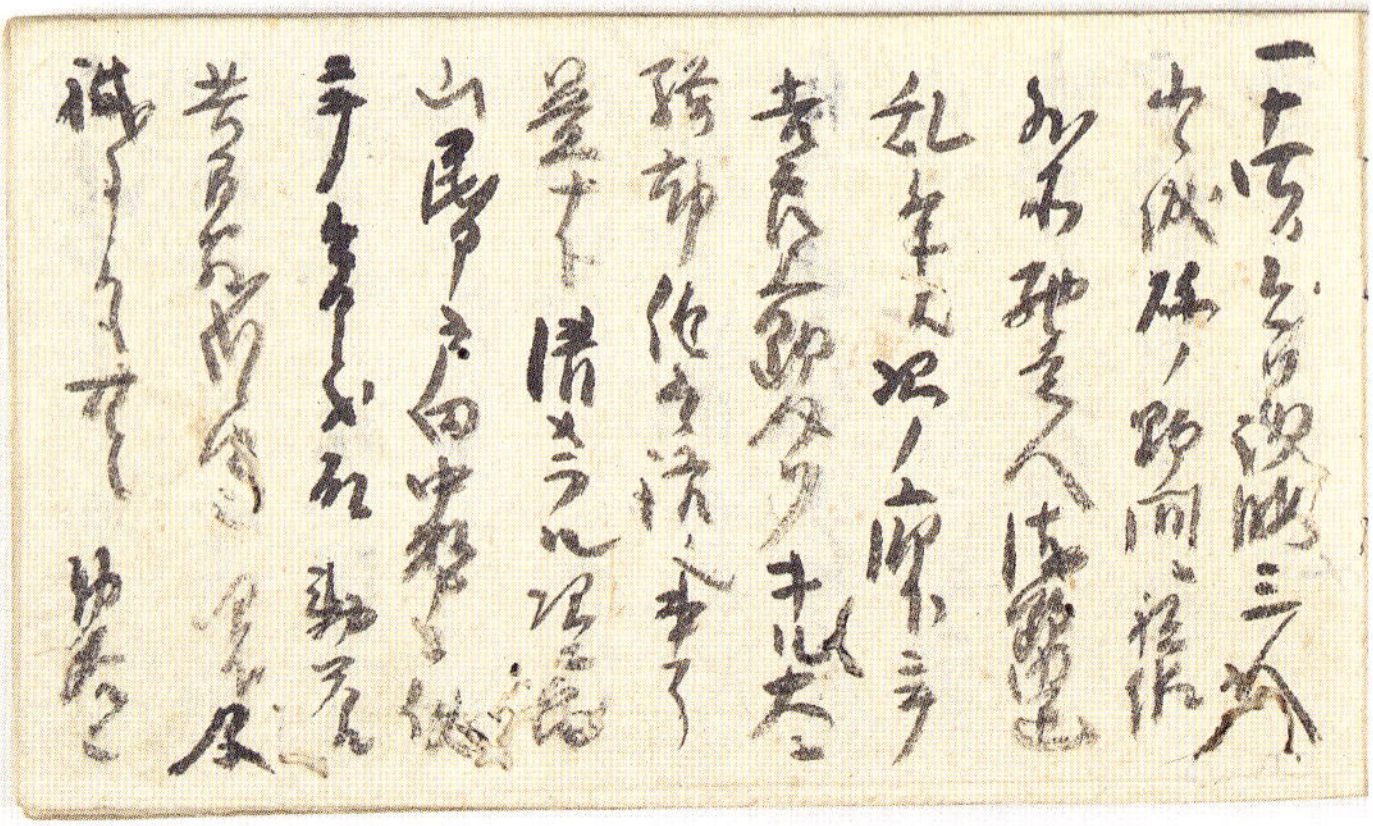

この日は勅使たちが帰京を前に将軍に別れの挨拶を行い、将軍からは天皇への返礼を勅使に伝えることになっていた。そんな重要な儀式の直前の城中で、あろうことか馳走人、つまり勅使接待役が、儀式の進行を差配する幕府の高家に突然斬りつけたのだ。いかなる事情を勘案するとしても、「乱気か」（発狂したのか）と判断する以外にはなかっただろう。「絶言語也」の一語が、かえって衝撃の大きさを物語っている。

この翌年の十二月十四日に大石内蔵助率いる浪士たちにより吉良邸討入りが成就するや、近現代に至るまで、大石以下は基本的に忠臣義士として賛美される。が、その評価は正当なものなのだろうか。事件の真相を考える場合、まず立ち返るべき原点に立つ資料が、当事者によるこの貴重な記録なのである。

犬の飼育法指南書

『犬《けん》狗《く》養畜《ようちく》伝《でん》』

幕末頃の版本だが、伝本はこの岩瀬本しか知られない珍書。小本《こほん》でわずか十二丁の小冊子ながら、犬を飼育する際の心得や、犬の傷病の治療法を絵入りで懇切に解説する。愛犬家必見の書か。

本書の内容は、たとえば「夜中に門外へ出んと頻《しき》

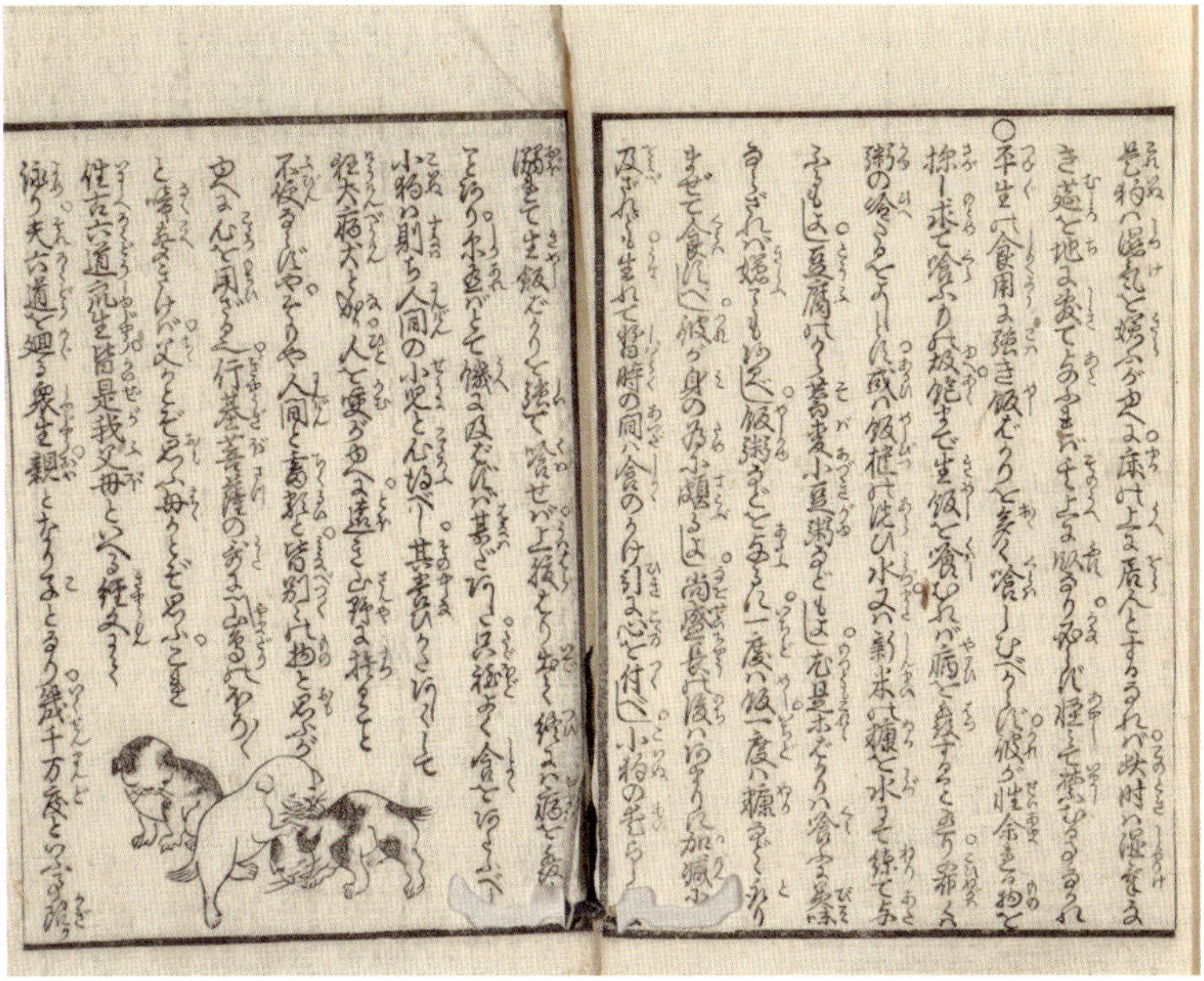

りに吠《ほ》ゆることあり。これは小便または糞をせんとして告ぐるなり。納家《なや》あるいは裏口に出して小便をさすべし。尤も小便は裏口などにてすれども、糞は決して畜《か》わるる家の四壁の間にすることを慎むゆへ、少し離れし所ならでは糞はせざるものと心得べし」などと気が利いている。まるで犬の気持ちがわかるようだ。さらに「狗《いぬ》は腹中常に熱するもの故に、暑に至れば舌を出し喘《あえ》ぎ苦しめり。然れどもこれは病にあらず、暑に苦しむなれば、鉢などに冷水を湛《たた》え置きて飲ましむべし。…予、平生《へいぜい》に冷水を湛え、近隣に養える多くの犬に与うるに、その快く飲める形勢、さもこそと想像《おもいやら》る。人畜なんぞ苦楽の隔てあらんや」とあり、その博愛的な動物愛護精神は読んでいて気持ちがよい。

江戸時代には実に多彩な種類の書物が刊行されたが、案外少ないのがペットとしての犬に関する本だ(猫の本はもっとない)。実際には多くの家で犬や猫を飼っていたことがわかっているが、あまりにも普通のことであったため、わざわざ特別な知識を必要としなかったのだろう。総じて日常的なことがらは書物に取り上げられない。

著者暁鐘成《あかつきのかねなり》(一七九三〜一八六一)は大阪の戯作者で、文化文政から安政年間にかけて、読本や滑稽本を中心に数多くの著書を出した。器用な人で絵もよくし、本書の挿画も自作だろう。こんな世にない種類の本をあえて残すとは、よほどの犬好きだったらしい。

渋江抽斎の父の雑記
『開巻得宝編《かいかんとくほうへん》』

この書名からは、何の本やらわかりにくいが、生活上の便利な雑知識を集めたハウツー本だ。たとえば、「蜆《しじみ》を煮る法／数升の蜆に糯米《もちごめ》四五粒入れて煮れば、肉ことごとく貝を離るる也」や、「玉子ふわふわの歌／玉七つ貝杓子《かいじゃくし》にてだし二つ酒と醤油は一つずつなり」、「鰌魚《どじょう》やわらかに煮る法／鰌魚を酒にて殺し、その酒ともに鰌魚を白水《しろみず》（米のとぎ汁）にて煮て、外の牛蒡《ごぼう》等を入るべし。味噌はかたくすり置て、あとより入るべし」などとあるのは試してみたくなる。食の話題以外に、「水上、物を書く法」「旅中、足痛まざる法」「歯ぬき薬の方」「蜘蛛の巣を避くる法」「房中の術長命丸方」などというのもある。

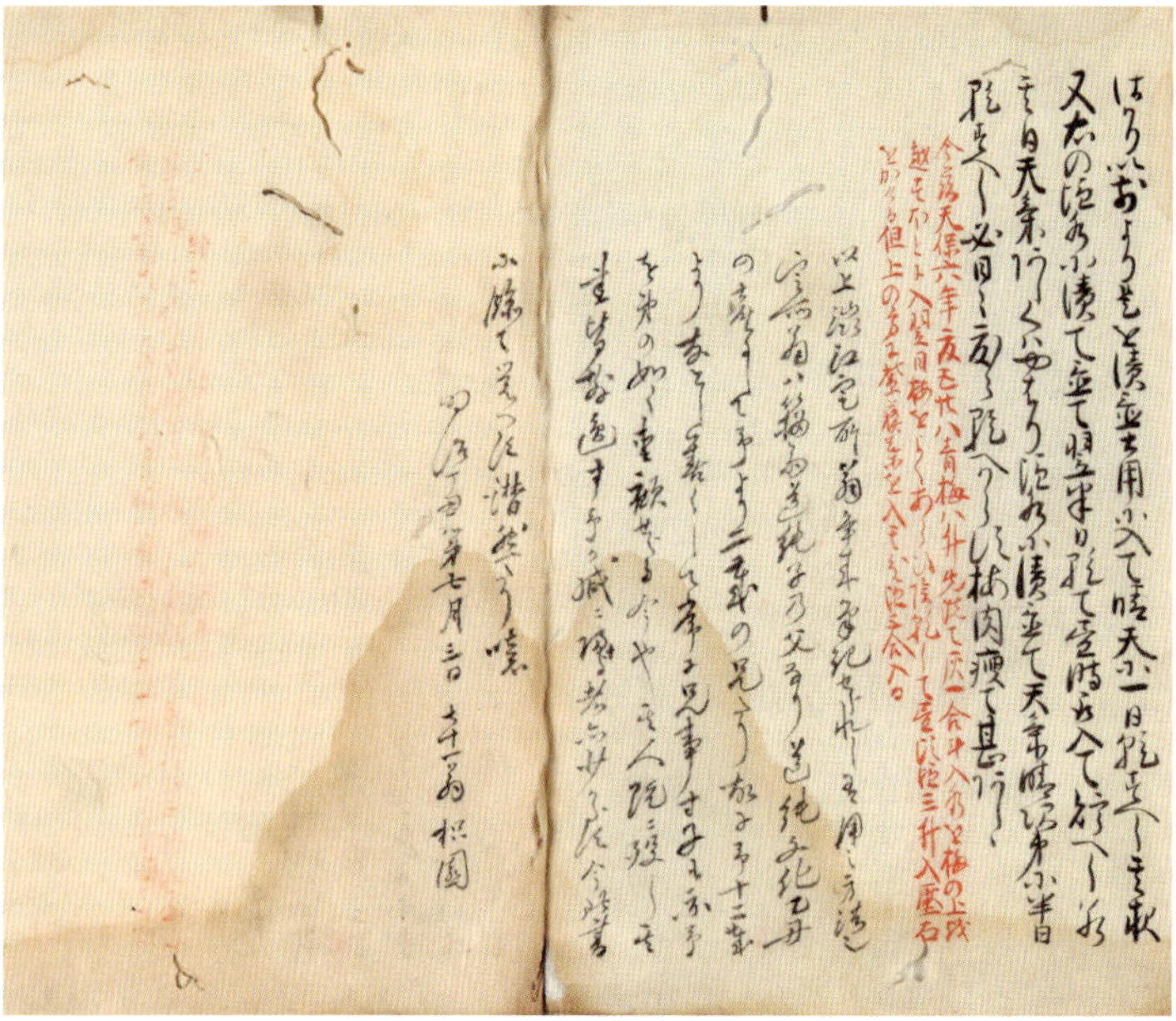

本書は森鷗外の史伝小説で名高い、弘前藩医で書誌学者、蔵書家の渋江抽斎《ちゅうさい》（一八〇五～五八）の父、渋江定所《ていしょ》（一七六四～一八三七）の自筆による筆記

である。俗事に通じた抽斎の関心の広さは父親譲りのものであったことがわかる。

巻末に福山藩医で、やはり書誌学者、蔵書家の森立之《たつゆき》（一八〇七～八五）が、抽斎没後の明治十年に記した識語があり、抽斎との交友が回想されている。「…道純（抽斎のこと）、文化乙丑（二年）の産にして、予より二歳の兄たり。故に予十二歳より、友とし善くして常に兄事す。子もまた予を弟の如く愛顧せらる。今やその人既に没し、その書、皆散逸す。予が蔵に帰する者、また少なからず。今この書に臨みて覚へず潸然《さんぜん》たり。噫《ああ》」。限りある人の命と、書物の悠久の命を対比させられる時に覚える深い悲哀が書き記されている。森鷗外が本書の存在を知っていたならば、必ずや名作『渋江抽斎』に良い一章が付け加えられたはずで、惜しいことをした。

実はペリー艦隊の動向を報道する絵図

『〈豆州《ずしゅう》下田〉温泉名所記』

伊豆下田港周辺を描いた彩色刷の絵地図だ。表紙中央に貼られた刷題簽《だいせん》に「〈豆州下田〉温泉名所記」

とある。図の右下の枠内には、有名温泉以外に伊豆には数カ所の名湯ありとして、下田周辺の温泉を紹介する文が記される。のどかな温泉案内の刷り物かと思いきや、絵図は海が中心で、何だか異様な雰囲気をかもし出している。

よく見ると右下の海上に、外輪船の黒船が三艘と端艇が一艘描かれており、「此所異国船風待《かざまち》、六月二日不残《のこらず》退船」と注記がある。すなわち、嘉永七年（一八五四）、前年に引き続き再度日本に来航したペリー率いるアメリカ艦隊の動向を主眼とした、報道的な絵図だったとわかる。

図の右下隅に「豆州下田湊口〈江戸より海上五十余里〉書林泰平堂静治板」との刊記があるが、もちろんこんな版元名は匿名だ。印刷の巧みさから見て、地方の出版ではなく、江戸の版元だろう。図には「下田浜」近くに「掛川持」と「小田原持」の大名の番屋や、玉泉寺に「異人のはか」（同寺境内にはペリー艦隊の乗組員の墓が現存する）の注記があり、現地に出かけて取材をしている。

今回のペリー艦隊の来航により、日米和親条約と下田条約が締結され、日本は鎖国の夢を破られて激動の時代へと向かう。それとは対照的に、本絵図に見られる、のんびりとしたカムフラージュぶりが好もしい。

エトロフウミスズメが京に飛来した日

『禽品《きんぴん》』

鳥類を写生した精細な彩色入り図譜だ。原写本（転写した本ではなくオリジナルの写本）四冊。その中に「異鳥」、つまり見たことのない鳥として、この絵図が載っていた。付記によると、嘉永五年（一八五二）四月二十四日のこと、今の京都大学キャンパスの東あたりにあった公家の吉田家の広大な屋敷内に、カラスの群れに追われて一羽の見慣れぬ鳥が落ちてきたのを、同家の下男が捕獲して主人に差し上げた。庭の泉水に放ったところ、水面に浮かんでよく魚を捕ったが、一昼夜ほどして死んでしまったという。鳥の形態や行動について記した解説文が付され、たとえば特徴的な頭の立毛について、「水ニ湿《うるお》ウ時ハ一筋トナル。或《あるい》ハ先ノ尖、三ニ分《わか》ル事モアリ。長ク水中ニ居ルトキハ立毛ノ曲リタル先、觜《クチバシ》ニ

付ク。水乾クトキハ、イク筋ニモ分レテ立ツ」などと観察が実に細かい。

確かに見慣れない鳥なので、鳥類図鑑を参照すると、エトロフウミスズメという鳥とよく似ている。ところが、図鑑の解説によるとオホーツク海などに分布する海鳥で、京都まで飛来したとはちょっと考えにくい。そこで日本野鳥の会京都支部に相談して図の写真を見てもらったところ、図も解説文も精密で、間違いなくエトロフウミスズメであるとのお墨付きを得た。これまでに京都府内での確認記録はなく、これが唯一の事例という。

この貴重な記録は、有隣なる人物（伝記不明）が、鳥のまだ生きているうちに観察して作成し、それを読書室の山本渓山《けいざん》（一八二七〜一九〇三）が模写したもの。読書室とは、京の偉大な本草学者、山本亡《ぼう》羊《よう》（一七七八〜一八五九）とその五人の息子（渓山はその三番目）が営んだ本草学の一大研究所で、約千六百点にのぼる旧蔵書は岩瀬文庫に収められている。

はかない資料を好んだ岩瀬弥助のスクラップブック

『張込帖《はりこみじょう》』

資料には残りやすいものと残りにくいものとがある。書籍でいうと、たとえば漢学や仏教のきちんとした本は前者、子どもに与えられる絵本は後者の代表だ。資料の残存には、大量に作られたもの、新しいものがよく残るというような単純な物理的条件とは別に、残すか残さないかという人間の選択がより深くかかわっている。そのような意味で後世に残りにくい資料には、独得の価値がある。

これは岩瀬弥助自身の手になるスクラップブックだ。江戸期より昭和初年まで、種々雑多な紙類の収集品が張り込んである。中に、大正十二年、関東大震災の後に発行された罹災証明書や罹災者乗車船証の類が九十二点もあった。それらは東京周辺で焼け出され、おそらく着の身着のままで西尾まで避難してきた人たちが、実際に使用したもので、そんなものをどういう手を使ったのか、弥助はせっせと集め保存しているのだ。

岩瀬文庫には、はかない、エフェメラルな資料が

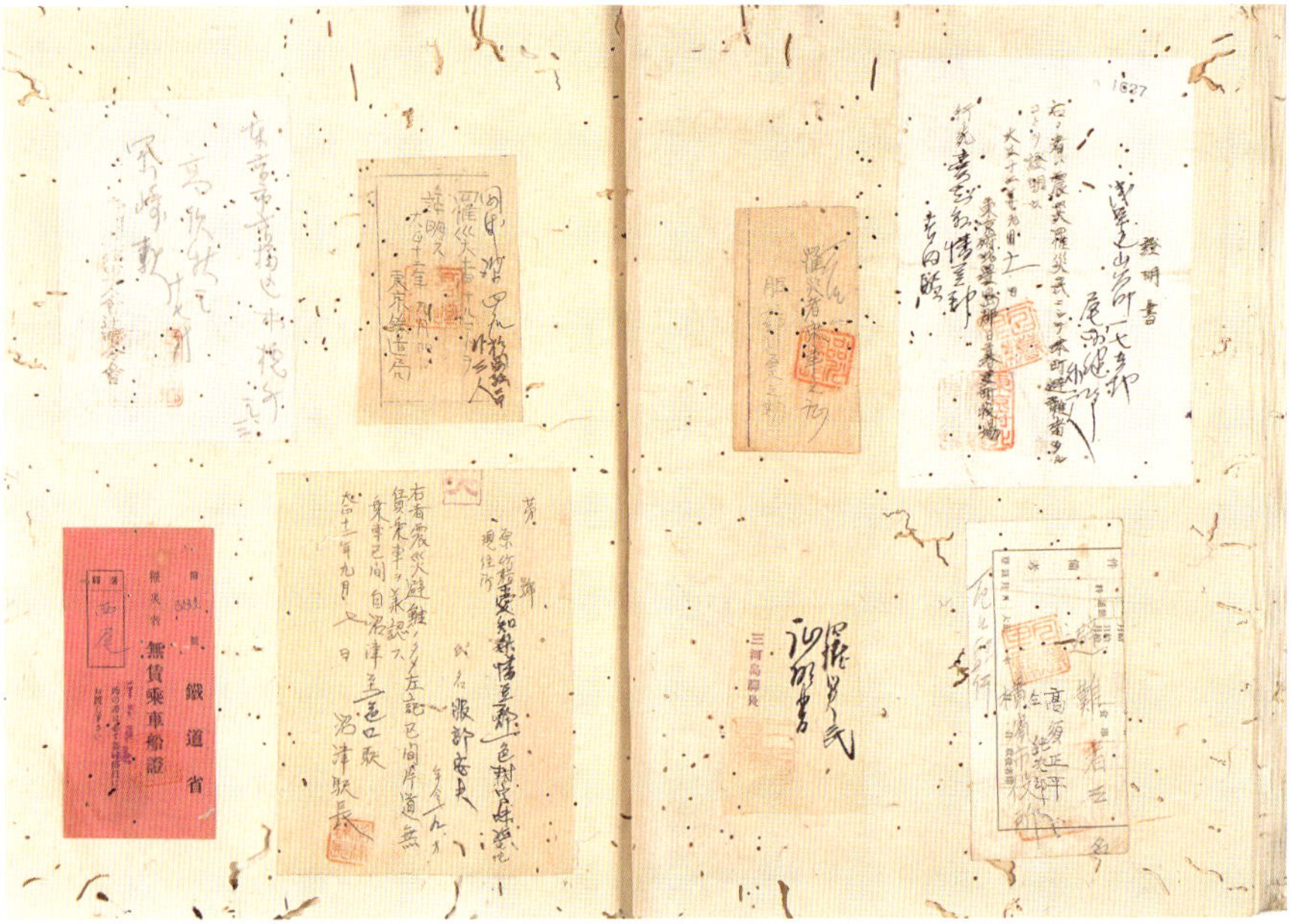

妙に多く、文庫の大きな魅力となっている。たとえば、江戸期に各地の名所旧跡の多くで、いまの観光案内パンフに相当する略縁起類が売られていたが、それらは粗末な小冊子や刷り物で、近年まであまり注目されることがなかった資料群だ。岩瀬文庫はそれらを大量に集めており、おそらく日本一の分量だろう。ほかにも芝居や相撲の番付類も大量にあり、日本有数のコレクションとなっている。この『張込帖』を見ると、そのような収集の傾向は弥助自身の嗜好に由来することがわかる。

稀代の愛書家大名の読書自叙伝

『修徳院書籍《しゅうとくいんしょじゃく》冊数改書並《あらためがきならびに》由来書』

越後新発田《しばた》藩第九代藩主、溝口出雲守直侯（なおよし、後になおときと読みを改める）が、二十四歳の享和元年（一八〇一）八月に自らの書物とのかかわりを記した自筆の筆記である。最初に「手元附《てもとづけ》」の書籍、つまり藩の公的な蔵書ではなく、藩主が読むための個人蔵書の数を調べており、合計六九九三冊という。

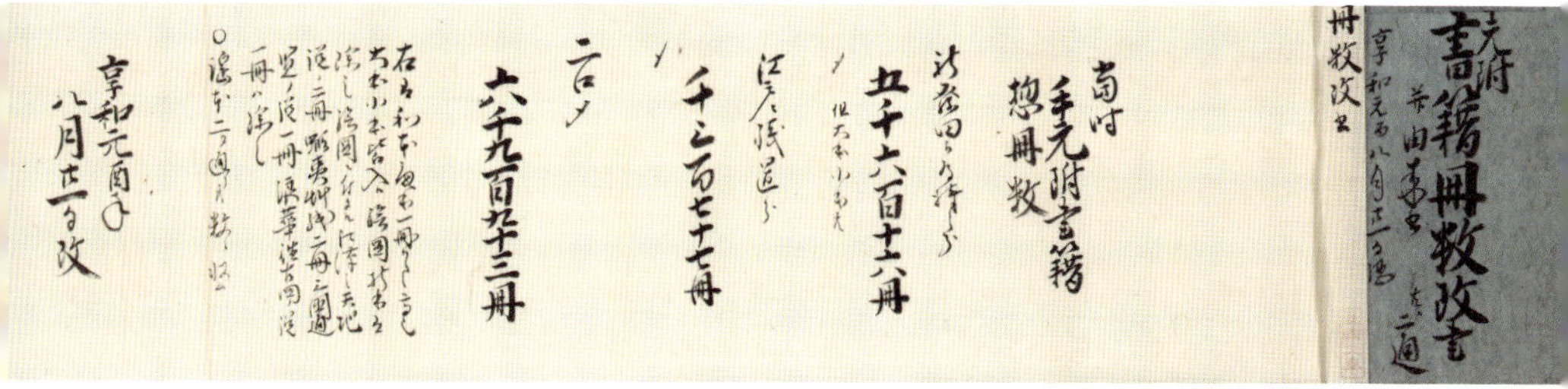

次にこれほどの蔵書家に成長した経緯を自ら回顧している。江戸の上屋敷で暮らしていた六、七歳の頃に、人々のくれた武者絵本が最初の読書体験で、それにいたずらで色を塗って遊んだ。九歳の暮れに「家職」つまり藩主を襲封、十二、三歳からは、四書や小学、近思録の類を読み習うようになったが、勉強嫌いで少しも進まなかった。総じてこの人の記述は率直で何のてらいもなく、好もしい。

　事情が変化したのは十九歳のこと。ふと「読見《よみみ》」、つまり直侯独自の用語で、詳しい覚書を拵えながら読書することを始めたところ、一気に読書が面白くなり、それからは方々につてを求めて珍書を捜索するようになったという。これは傾聴すべき証言で、ただ本を読むのではなく、何かを書くことの重要性は、現代の青少年にも是非伝えたい智慧だ。

筆記の末尾は「後年色々珍書を求むべきなり」と、さらなる稀書探求の意欲を燃やして締めくくられている。ところが惜しいことには、この一年後の八月、直侯は二十五歳の若さでこの世を去る。考えてみれば、こんな言説を若くして残すこと自体、すでに死の意識が脳裏にあったのだろう。岩瀬文庫には死すべき存在としての人間と書物とのかかわりについて考えさせてくれる資料が多い。

富士山コレクションの白眉

『山王真形《さんおうしんけい》』

文政五年（一八二二）に成った版本。表題の「山王」とは富士山のことで、四季折々に変化する富士山の姿を、濃淡の彩色刷の技法を駆使して、ごく精細に再現した絵本である。通常の版画のように山の稜線の墨線を引かず、淡色刷の地色の中に白抜きで

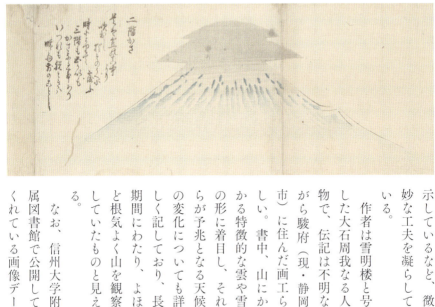

示しているなど、微妙な工夫を凝らしている。

作者は雪明楼と号した大石周我なる人物で、伝記は不明ながら駿府（現・静岡市）に住んだ画工らしい。書中、山にかかる特徴的な雲や雪の形に着目し、それらが予兆となる天候の変化についても詳しく記しており、長期間にわたり、よほど根気よく山を観察していたものと見える。

なお、信州大学附属図書館で公開してくれている画像デー

タベースによれば、驚いたことに同大学蔵本は岩瀬本とは全部が別版である。こんなに手間ひまをかけたものを、わざわざ全部改版していることは、通常の商業出版ではなく私家版で、作者が作品の改善に非常な情熱を傾けたことを物語っている。

ところで富士山は二〇一三年に世界文化遺産に登録された。世界自然遺産ではなく「文化」であるところが素晴らしい。富士山に対する人々の思いこそが尋常のものではないからだ。そして、文化には歴史性が必要で、それを裏付け、具現化するのは何よりも書物である。あまり広く知られていないと思うが、富士山に関する書籍のコレクションでは、岩瀬文庫がおそらく日本一で、版画を含めて主なものは網羅している。

浮世の記録者としての渡辺政香

『村方取扱覚帳《むらかたとりあつかいおぼえちょう》』

渡辺政香《まさか》（26ページ以下参照）の自筆本。政香の住む寺津村（現・西尾市寺津町）の村民の間で生じた種々の事件や紛争で、政香が仲裁に乗出して解決

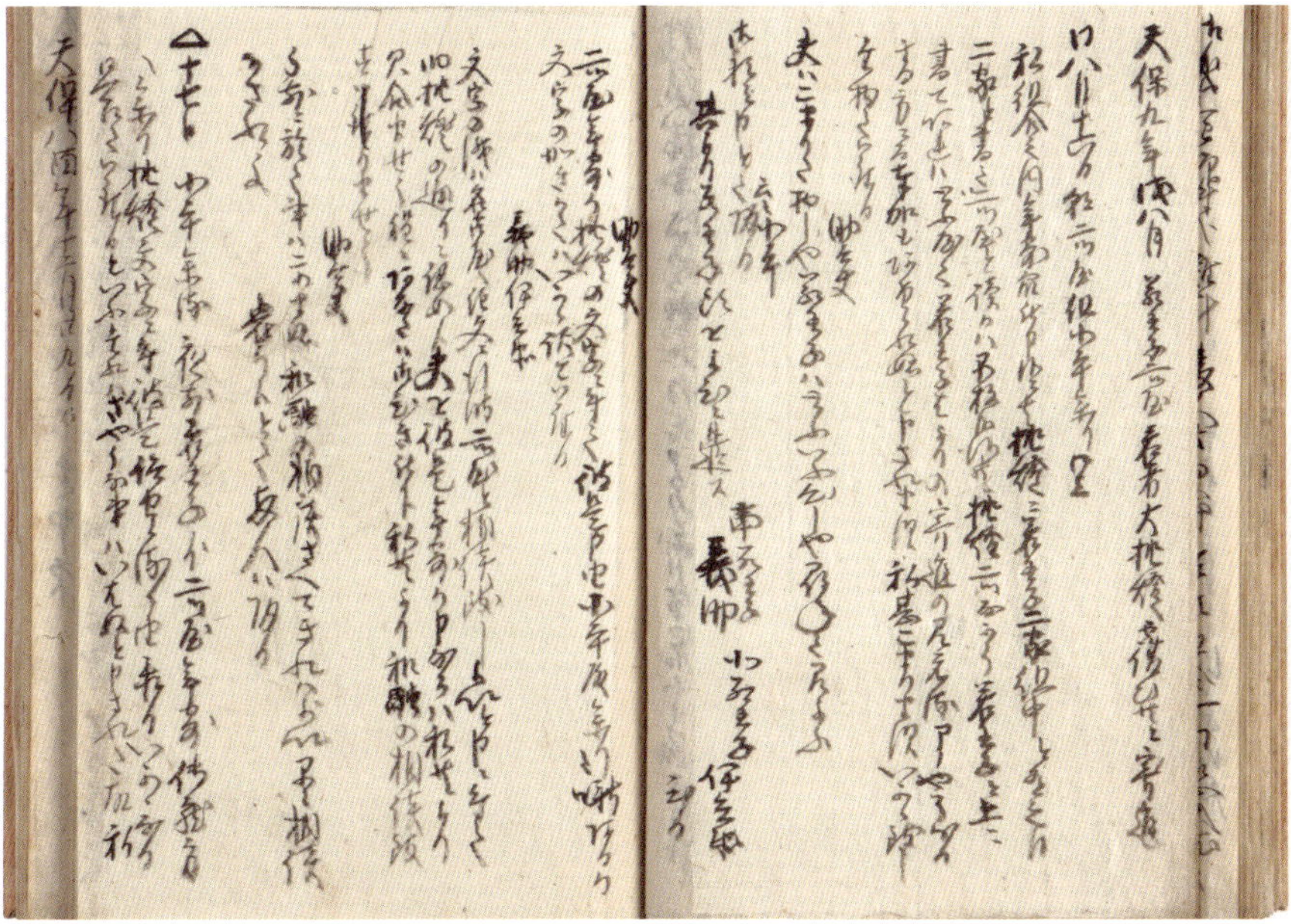

した件について記録した覚書である。たとえば、天保八年（一八三七）二月、隣村の巨海《こみ》村の小左衛門が、寺津村の三十郎の乳母と密通し、それを村の若者に見出され、酒料一両、肴代二分で内済にした件や、同年十月、「御公儀様御役人」が巡村の際に、寺津村の清四郎が酔狂の上、一行の通行先を高声に物語し、人足役も勤めなかった件などの小事件の顛末だ。

中におもしろい記録があった。天保九年八月、寺津村の中の集落である若王子《なこじ》（現・西尾市寺津町北若王子・南若王子）と二ッ屋（現・同町二ッ屋）の若者が大提灯を八幡宮に寄進したところ、翌朝、二ッ屋の組頭小平《こへい》がやって来て、提灯の文字の書き方がよくないと苦情を申し立てた。解決まで二カ月かかる、この実にくだらない一件を、政香は芝居の台本仕立てで書き残しているのだ。「（小平）私組合の内、年寄衆申され候には、…提灯二ツながら、若王子を上に書いてあれば、どうやら若王子ばかりの寄進の［ように］見える。あのようなる書き方にて奉加《ほうが》もあげられぬと申されます。私、甚だ困ります。いかが致したもので御座る」「（政香）それは困りたものじゃ。若王子はどういう心じゃ、尋ねて見よう」と、こんな具合だ。

これを読むと、政香は目前で進行する出来事を、余裕を持って楽しんで書いているように思われる。もう少しで、きだみのるの『気違い部落周游紀行』や杉浦明平の『ノリソダ騒動記』のような上々のルポルタージュ文学が発生するところだった。優れた記録者としての政香の面目が躍如としている。

廃棄文書から救出された村絵図集

『三河碧海《へきかい》郡村分図《むらわけず》』

三河の碧海郡は現在の碧海五市（安城・刈谷・碧南・高浜・知立）の全域と、西尾・岡崎・豊田の各市の一部に相当する。そのほぼ全村を網羅する村絵図集である。明治の地方制度は改変を繰り返したが、明治九年八月、愛知県では、それまで行われてきた大区小区制度を廃し、新たに十八区を置き、碧海郡は第九区となるが、わずか二年後の十一年十二月に郡区町村編制法を施行し、十八区制は廃止される。本絵図集は、その過渡期となる明治十一年十一月頃

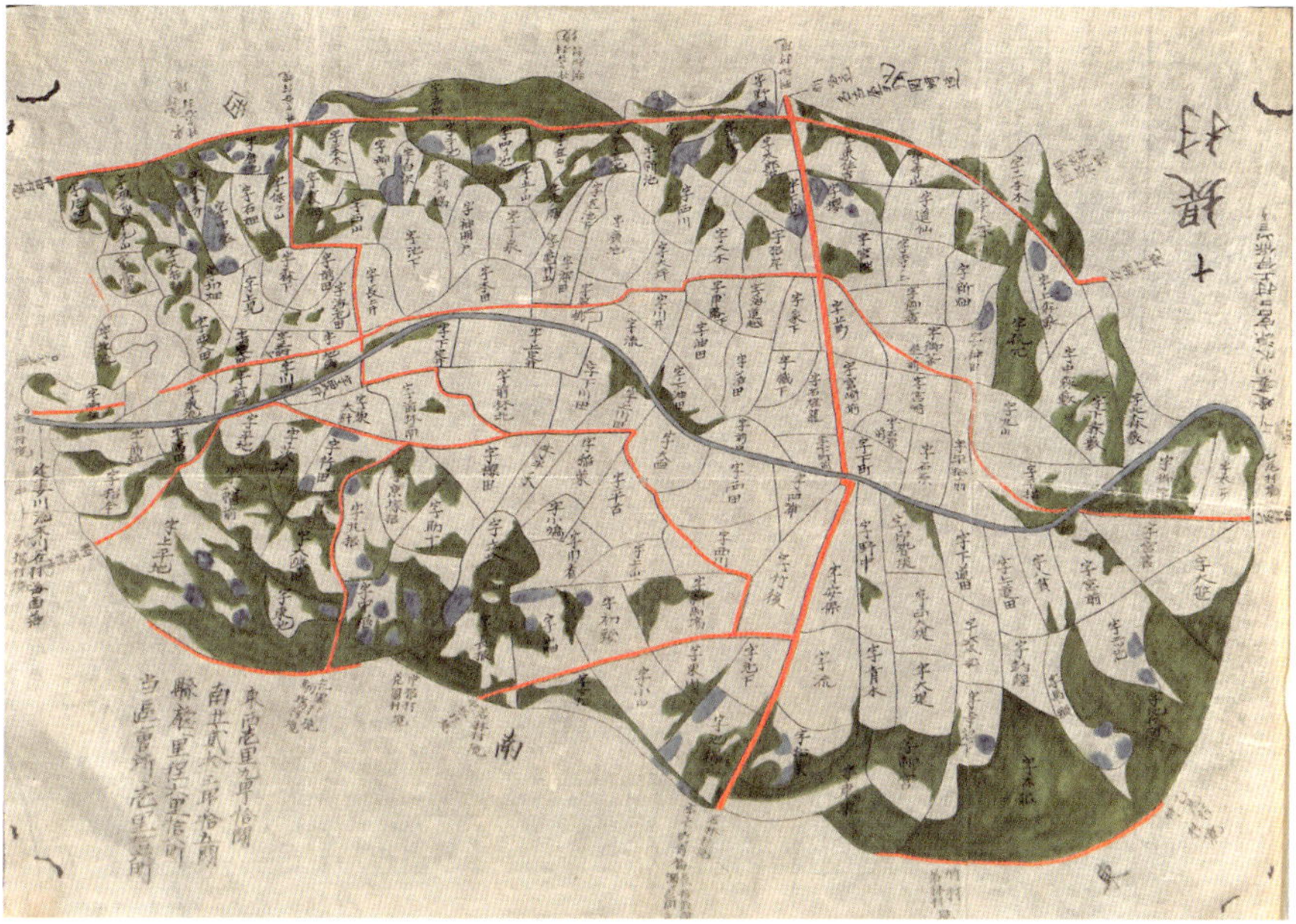

より十二年五月頃にかけて、区会所（のち郡役所）の命令により、各村が作成提出した原本だ。全百六十一図を収める。

各村絵図には精粗があるものの、字《あざ》の境界と字名《あざ》を示し、地目の別を色分けし、隣接する村名、「村中間数《けんすう》」（村の中央部の東西・南北の間数）、県庁・区会所ないし郡役所及び隣村への里程などを注記する。これによって明治初年、ひいては江戸期の状況をほぼ知ることのできる貴重な資料である。掲出したのは堤村（現・豊田市）の絵図で、ちなみに大蔵書家村上忠順《ただまさ》（30ページ参照）の家は図の中央右下の「字新馬場」にある。明治維新後わずか十年余の時点で、命令一下、各村でこんな絵図をさっと作成して提出しているのだから、明治の近代化がすでに江戸期に用意されていたことがわかるだろう。

おそらくこの絵図集は、その後、役所から廃棄され、幸い古紙のリサイクルから免れて岩瀬文庫に救出されたものと思われる。岩瀬文庫の創設期は、各地の役所から続々と不要資料が廃棄された時期だったらしく、文庫には明治初年の国や地方の役所で作成された資料が多く回収されている。

駿河の景観を写生した名品

『寿《す》留《る》嘉《が》士産《みやげ》』

岩瀬文庫には貴志《きし》孫太夫《まごだゆう》忠美《ただよし》という五百俵取りの旗本が手づから書写した貴志文庫旧蔵書が約五十点あり、異彩を放っている。貴志は絵画の腕が玄人はだしである一方、蘭学（本草学）と古風俗の研究に打ち込んだ人で、これら両分野にかかわる絵入り本が多い。

本書は貴志が五十四歳の嘉永六年（一八五三）に駿府（現・静岡市）の町奉行となり、江戸より赴任する道中と駿府周辺の各地の風景を写生した彩色絵巻である。掲出の図は注記によれば、久能山に参詣した後に、日本平から駿河湾越しに富士山や三保の松原を遠望した絶景だ。よく見ると絵の左下の松原に、ばらばらと人影があるが、これは著者一行の主従十三人の姿が細かく描かれているのである。ほかにも、画筆を執る写生中の著者自身が描き込まれたものもあり、風景画に一種の記録性を持たせており興味深い。

西洋の文物を好んだ人だけに、著者の絵は山水画

風の描法に、西洋画風の陰影法と遠近法を取り入れた独得の筆致で、そのおかげで江戸期の景観をかなり正確に再現することが出来る貴重な資料となっている。

この書名はもちろん、江戸に帰ってから家族に見せたり、自ら回顧して楽しむための「駿河土産」の意で、同名の書を計三巻残しており、熱心に近隣の各地を探訪していることがわかる。江戸以外の遠隔地への赴任は、貴志のような好奇心旺盛な人にとっては、水を得た魚で楽しみの多かったことだろう。ただし、再び故郷の土を踏むことはなく、貴志はこの四年後の安政四年（一八五七）に駿府で病没している。

幻に終わった綱吉将軍の日光社参資料

『日光道中之図』

江戸より日光の神橋に至る日光御《お》成道《なりみち》の道中絵図である。壬生通などの脇街道をも示している。デフォルメして簡略化した街道の絵地図に、村名、河川名、山名、馬次、村落及び一里山（一里塚）間の里程、代

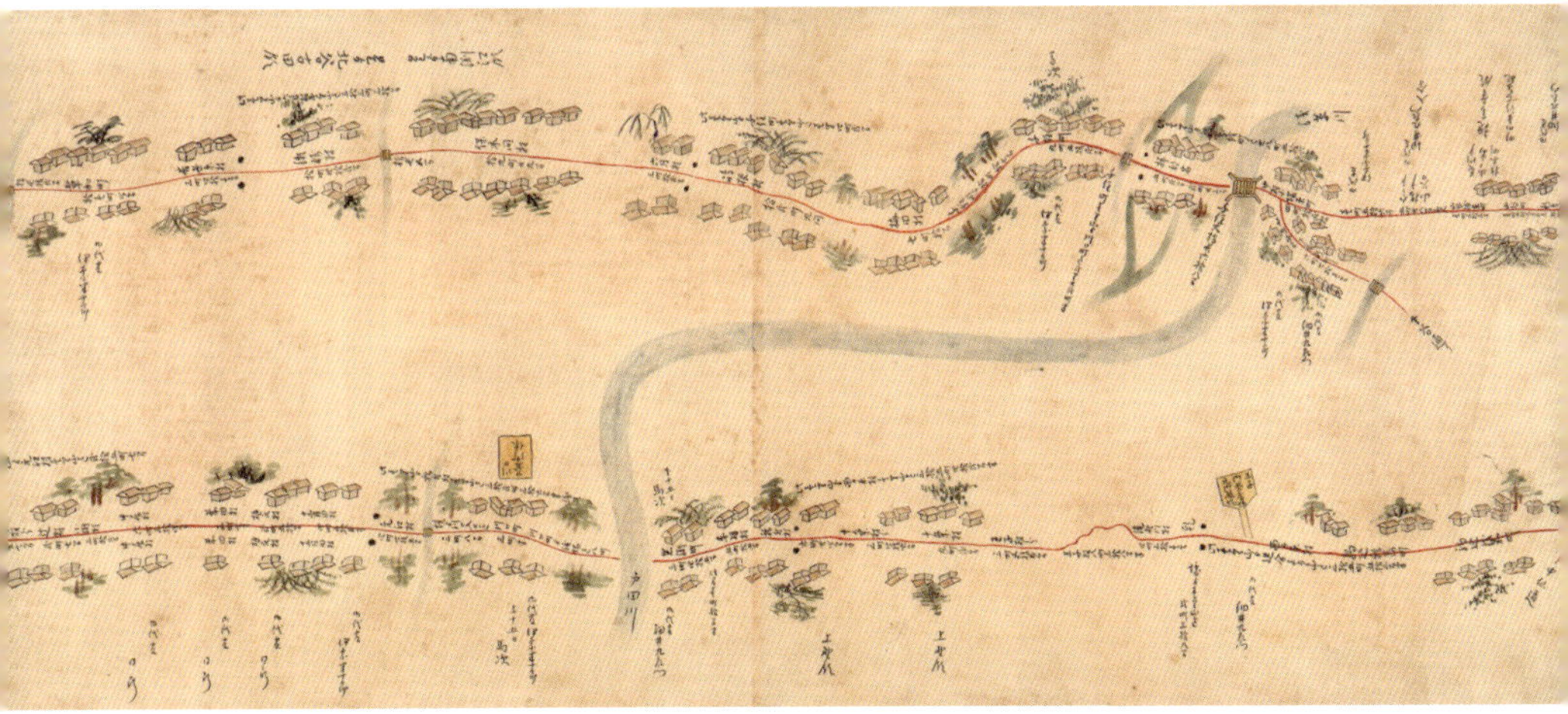

官名、領主名などを詳細に注記している。奥書などはないものの、所々に注記された村の領主の名が、成立の年代を知る大きな手がかりとなり、おおよそ元禄十年（一六九七）前後のものと判明する。

図を子細に見ると、黄色の枠内に「御泊御殿場」や「御茶屋場」、「昼御休」と記した箇所が散在する。それらに付された「御」は将軍に対して用いられたものと見なすべきで、つまり将軍の日光社参に際して作られた資料と推定できる。ところが、江戸期を通して将軍の日光社参は頻繁にあるものではなく、元禄年間の前後には一度も行われておらず、不審だ。

そこで幕府の日録である『徳川実紀』を繰ってみると、元禄十年二月十五日条に「…また近年に日光山御参あるべき旨も仰出さる」とあり、時の将軍である綱吉より日光社参の意向が表明されており、同月十七日には阿部豊後守正武に社参のことをつかさどるよう下命されている。ところが何らかの事情により、この社参は計画のみで実現しなかった。すなわち、この絵図は綱吉将軍による幻の社参計画のために作成されたものとわかる。こんな記録がよくぞ残ったもので、岩瀬文庫には不思議な資料が多い。

失われた官選地誌の別稿本

『新撰陸《む》奥《つ》国誌』

『新撰陸奥国誌』全九十巻五十冊は、青森県庁の命により明治九年に出来た陸奥国の地誌である。ここでいう陸奥とは、東北地方の広域を指すそれではなく、明治元年に広義の陸奥を陸前・陸中・陸奥・磐城・岩代の五ヶ国に分割した狭義の陸奥で、ほぼ青森県に相当し、津軽郡・北郡・三戸郡・二戸郡の四郡より成る。本書は刊行されることなく、原本は青森県立図書館にあったが、第二次大戦の戦災で焼失する。幸い戦前に史料編纂所で作成した写本があり、それにより昭和四十年前後に活字化されている。

この重要な地誌の別の稿本が、岩瀬文庫の中にひそかに眠っていた。しかも活字本と比較すると、全体にわたって異同が多くあり、岩瀬本はいったん完成した本に、さらに編者が増補改訂を加えた本とわかる。

本書の内容は、各郡各町村について、位置、里程、家数、支村（枝村）、社寺、山川、原野、津梁（渡し場と橋）、古蹟（名所旧跡）、土産（産物）などにつ

いて、基本的に実地踏査を踏まえ、詳細に記述する。地域の風俗や人気（気風）についても細かく観察している。さらに地図、社寺の什物の絵図、景勝地や主要社寺などの細密な鳥瞰図まで添える。近代化の荒波を迎える直前、つまり江戸期の状況を知る好資料となっている。

編者は岸俊武。伝記は不明で、記述の風より見て他国の出身者らしい（旧・会津藩士か）。岩瀬本は編者が手元に残すために浄書した本と思われる。岩瀬弥助が熱心に全国の地誌を探求購入したおかげで、稀少な資料が無事残された。書物は必ずしも地元に集中して残されることが良いとは限らず、散在が保存に繋がることがある。それは、災害の多い日本にあって、地方に文庫があることの望ましい理由でもある。

三河に岩瀬文庫あり

渡辺政香と岩瀬弥助

書物をめぐる三河の風土には、何かすごみがある。岩瀬弥助（一八六七〜一九三〇）の地元には、書物集めに過剰な情熱を傾けた先人がいた。その人の名は渡辺政香《まさか》（一七七六〜一八四〇）。西尾の城下より一里ほど南西、幡豆郡寺津村《てらづ》（現・西尾市寺津町）にある寺津八幡社の神主で、伊勢の漢詩人山口凹巷《おうこう》や同じく伊勢の国学者足代弘訓《あじろひろのり》、また名古屋の国学者植松茂岳《しげおか》などについて、和漢の学問や詩歌を修めた。畢生の大著として、三河の総合的な地誌『三河志』全四十三巻を残したことでも知られている。

文政六年（一八二三）の春、四十八歳の政香は神社に文庫を設置した。それも単に書物を収蔵する書庫ではなく、書物を希望者の閲覧に供する図書館として、である（蔵書はその後大正末年に岩瀬弥助が買収し、岩瀬文庫に吸収されて現存する）。その最初の蔵書目録の冒頭に、政香の自筆で「八幡書庫記」という長文が載る。文庫の開設趣意書だ。そこには達意の漢文で、おおよそ以下のような内容が書かれていた（全文は34ページ参照）。

何を宝と見なすか、それは人によりさまざまだ。珍しい鳥獣、宝石や貴金属、またと得られない器物の類を宝とするような俗物は、このような重要な問題をともに論ずるに足りない。古人は「子に黄金満籯《えい》を遺《のこ》さんよりは一経《けい》に如《し》かず（子どもにはカネを残すな、本読ませ）」（『漢書』「韋賢伝」）とか「家を富まさんとならば良田を買うを用いざれ、書中自《おのず》から千鐘の粟有り（家を富ますに良い田はいらぬ、本を読んだら出世する）」（『古文真宝』巻一「真宗皇帝勧学」）などと述べている。人にとってほんとうの至宝とは明徳聖心（精神的に高い境地）だ。ところが、ふつうの人は書物を階梯としないで明徳聖心に至ることはできない。だから、人間にとって必要不可欠なものは書物なのである。

自分は若いころから神社に文庫を建てて書物を集めるのが夢だった。ところが、田舎の神主で貧しく、世渡り下手で、他人に支援を求めることも好まなかったため、果たせぬままに知命（五十歳）にさしかかってしまった。文政六年の春、友人と茶飲み話の折にこのことを語ったところ、友人は「君の志はすばらしいのに、人に助けを求めないのは頑固に過ぎる。どうしてそんな大切なことを今まで黙っていたのか。書庫を建てて書物を集め、しかもそれを公開するのは、風教の一助となる。さらに大切に庫に収めるならば、火災や盗難を免れて、書物を拵えた人の志を「不朽」（不滅）に伝えることにもなる。みんなで力を合わせて君の夢を叶えようではないか」と言ってくれた。こうして文庫を開設するに至ったという。

「八幡書庫記」は次の文章で締めくくられる。

凡《およ》そ物は衆と与《とも》に楽しむに如《し》かず。藉《も》し人の神庫の図書を閲せんことを請《こ》うもの有らば、輒《すなわ》ち其《そ》の請う所に随いて少しも拒《こば》まざらん。乃《すなわ》ち之《これ》と倶《とも》に日新の聖域を窺《うかが》い躋《のぼ》らん。（物は何でもみんなで一緒に楽しむのがいちばんだ。だから、もしも文庫の書物を見たい人があれば、喜んでお見せしよう。そうやって一緒に書物を通して、日に日に自己を新たにしてゆこうではないか。）

世にある全ての図書館や文庫の理念が、ここに凝

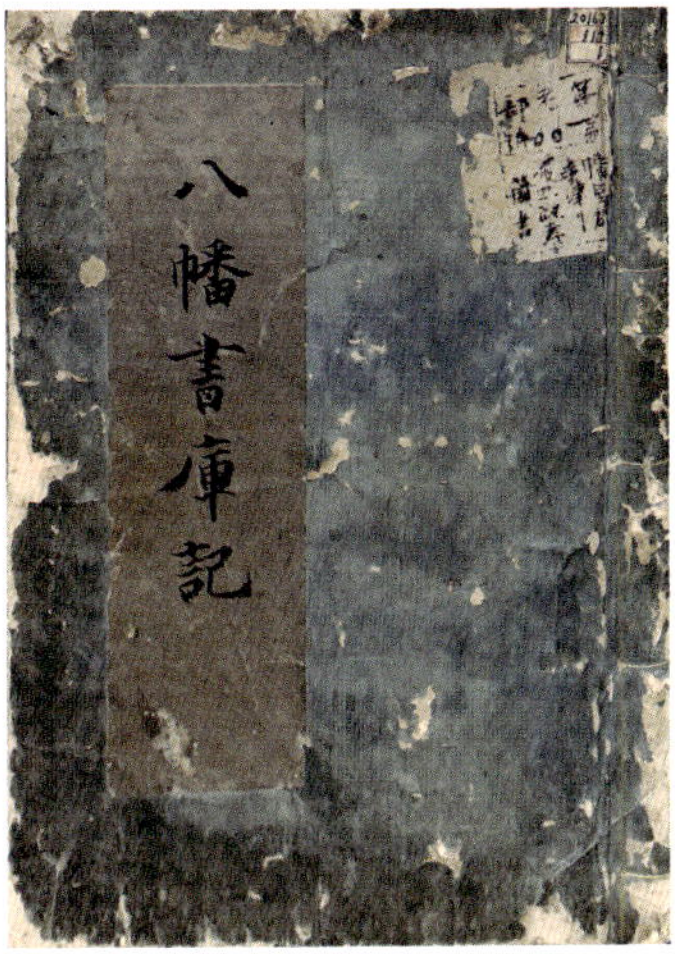

『八幡書庫記』表紙（岩瀬文庫蔵）

縮して述べられており、これは日本の図書館史上に特筆すべき文章だと思う。中でも「凡そ物は衆と与に楽しむに如かず（凡不如物与衆楽）」の一文は図書館の礎石にでも刻すべき金言として銘記しておきたい。

ここで「八幡書庫記」に見られる文庫のコンセプトをまとめておくと、書物を集積公開することにより人々の自己改善に資すること、書物を保存することにより書物を作った人々の志を未来に伝えてゆくこと、この二点である。言うまでもなく図書館の原点がここにある。

さらに次のような資料が岩瀬文庫の書庫から出現した。渡辺政香が書物に対して格別に高い見識の持ち主であったことがわかる、政香自筆の和歌短冊だ。和歌だから歌題の「書」は「しょ」ではなく「ふみ」とよむ。

言だまのさきはふ国のふることも
ふみなかりせばいかでつたへん　政香

日本は古来「言霊《ことだま》の幸《さきわ》う国」で、言葉は単なるコミュニケーションの道具ではなく、現実に影響を及ぼしうる神秘的な力をもつとされてきた。つまりコト（言）はそのままコト（事）でもあった。そのように言葉が特別に重視される国であっても、もしも書物が存在しなかったならば、「ふること（古言・古事）」つまり昔の話や出来事を、どうやって後世に伝えてゆくことができるのだろう（いやできない）。

これは書物のもつ文明史的な意義を、端的に歌い上げた名歌だ。当時『古事記』の書名が一般に「ふることぶみ」とよばれていたことを考え合わせると、古来より日本にあった口頭伝承的文化よりも、中国よりやって来た文字＝書物文化の優越を認めている歌でもあるようだ。国学者にありがちな偏狭なナショナリズムからほど遠い、中庸を得た政香の柔軟な精神を示している。

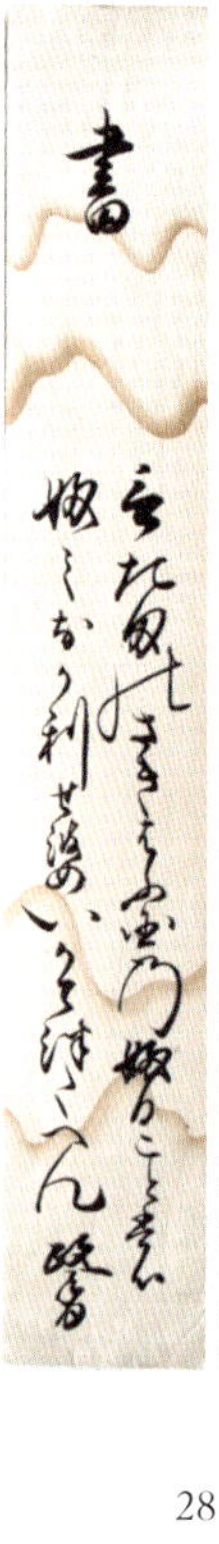

渡辺政香自筆和歌短冊（岩瀬文庫蔵）

この短冊は岩瀬文庫にある『三河人短冊帖』という、三河人の作者による和歌や俳句の短冊を張り込んだ二帖の中にあった。こんな短冊を岩瀬弥助が入手していたことは、偶然と考えにくい。

岩瀬弥助は、西尾城下須田町の商家山本屋の四代目で、同家は代々弥助を襲名した。初代の岩瀬弥助（天保二年没）は幡豆《はず》郡巨海《こみ》村（現・西尾市巨海町）の出身で（巨海には今も岩瀬姓の家が多い）、渡辺政香の寺津村は巨海村のすぐ北隣に位置する。以下は想像にわたるが、ほしいままの空想ではないつもりだ。岩瀬弥助は先祖本貫の地にほど近い寺津八幡や渡辺政香のことを早くから知っていた。読書に関心の高かった弥助は、その文庫を見学し、蔵書目録でもある『八幡書庫記』を読む機会があり、感銘を受けていた。その後、偶然のきっかけで政香の「書／言だまの…」の短冊を入手し、天啓を得たと感じ、文庫設立を思い立った。

弥助自身は自己を語るに禁欲的な人で、多くの言葉を残していない。ほとんど唯一のものが、文庫設立を記念して、文庫にほど近い古社、伊文《いぶん》神社境内に奉納建立した巨大な石灯籠、通称「弥助灯籠」の胴石に刻まれた、わずか全八十文字の銘文だ（全文は38ページ参照）。その冒頭に「われ嘗《かつ》て、一小文庫を設立し、これを身にも人にも施し、且《か》つこれを不朽に伝えんと欲す」とある。ささやかな文庫を拵えて、これを自分だけではなく他人にも提供し、同時にこれを未来永劫に伝えてゆこうと思った。これこそ、弥助が文庫を作った理念なのだった。そもそも人は命に限りがあり、自らの死後をも視野に入れて何かを残そうとする企ては困難を極める。それを克服するために、弥助は文庫の書物を公共の用に供するよう、公開図書館にしたのだった。

弥助のこの高邁な発想は、政香の「八幡書庫記」に由来するように思われる。一つの傍証を挙げると、「書庫記」も銘文も書物を未来に伝えることをいうのに「不朽」の語を用いている。「書庫記」は文庫

弥助灯籠

設立の経緯を叙述するに際し、ことさらに友人の励ましと支援があったことを記していた。つまり地域の人々の志があって、はじめて文庫が成ったことを強調する。この精神が後人である岩瀬弥助の尽力を喚起したのではあるまいか。人は大きな仕事を思い立つ際に、しばしばその鑑《かがみ》となるような先人がいるものだ。そして、その先人が身近な地にいた場合、そういった種類の継承が土地の風土となり伝統となり、特有の文化に結晶してゆく。

三河の二大文庫と岩瀬弥助

三河にはあと二人、偉大な書物の先達がいた。一人は渡辺政香よりも一世代あと、幕末明治を生きた村上忠順《ただまさ》（一八一二〜八四）だ。碧海郡堤村（現・豊田市高岡町周辺）の村医で国学者、刈谷藩医をも勤めた人物で、書庫を千巻舎《ちまきのや》と称した。その約二万五千冊にのぼる蔵書は現在、刈谷市中央図書館村上文庫に保存されている。忠順がなぜこんな巨大な文庫を拵えたのか、その真の動機をうかがわせるこんな資料がある。

開国か攘夷か、世の中が騒然とする文久二年（一八六二）のこと、五十一歳の忠順が心を痛める小事件があった。長男の忠明《ただあきら》、十九歳が突如出奔、大坂に着いたとの知らせを寄越してきたのだ。家出の真の理由は尊皇攘夷運動に身を投ずることにあったと見られるが、父への手紙には、田舎にいたのでは持病の鬱病（神経症）を発散することができないからと記されていた。これに対して懇々と説諭を加える、厳しくも心のこもった忠順の自筆の手紙が残されている（豊田市村上家蔵）。その中に次の一節があった。

　予も頗《すこぶ》る同癖にて、十七、八歳頃は鬱々罷《うつうつまか》り在《あ》り候へども、十九歳より奮発し、読書を楽しみ、閉塞の病を看破いたし候。然れども、不幸にして書に乏しく、師友これ無く候故、五十有余の今日まで碌々瓦礫《ろくろくがれき》の齢《よわい》を経《へ》、慙恥《ざんち》千万に候。

忠順も息子と同じく、若い頃に抑鬱的な状態に苦しんでいたが、それを読書を楽しむことによって克服したというのだ。たしかに、読書を通して古今東西の人たちと感を同じくする体験を積み重ねることは、人生行路で通過せざるを得ないさまざまな逆境を、個人的な経験にとどめさせておかない人間力をもたらす（それを「教養」という）。ところが、地方にあって書物に乏しく、苦労したという。そのような読書による魂の救済と、書物への渇望の体験が、書物集積の原点にあったことがよくわかる。

忠順の文庫にかける思いは、明治元年に自ら編んだ『蔵書目録』（村上文庫蔵）に付された序文と跋文に記されている。まず漢文体の序文では、およそ人間の娯楽は千種万方ある中で、山野や江海に遊び、草木や魚貝に親しむのは歓楽の最たるものだが、それでも古今東西の書物を渉猟する楽しみには及ばない。自分は大人になってからは他の趣味を嗜まず、医業の余暇には「手を停めず百家の編を披《ひら》き、普《あまね》く衆籍を書庫中に聚《あつ》め、逸編（欠巻）を補ひ、脱簡（落丁）を訂し、或は点定（本文を比較訂正すること）し、或は校讐（本文をしらべて直すこと）し、以て日夜の楽しみと為《な》」したという。

村上家の書庫「千巻舎」

この文章の特に前半の筆致は、渡辺政香の「八幡書庫記」によく似ており、その影響を受けた可能性が高い。ただし、「書庫記」に比べると、ここでは人と書物とのかかわりが個人的な楽しみにとどまっており、公開文庫にまでは至らなかった村上文庫の限界を見せている。その反面、右の引用の後に自らを「書淫の一蠹魚《とぎょ》（本の虫）なり」と断ずる通り、純粋な書物愛が吐露されており、胸打たれる。

また和文の跋文では、これらの書物は、尾張名古屋の本屋が見せに寄越したものの中から買い求めたもので、さらに得がたい書物は、京都や大坂はもとより、紀伊和歌山や江戸の本屋に注文して、苦労して手に入れたという。買った本以外に、自ら書き写したり、書き入れたりした書物もあり、その筆記作業は、「夜中暁といわず、君（刈谷藩主）に仕え、病人《やまうど》見ありくいとまのひまにものせしなれば、ことにからくして出《い》で来たるなり」と、涙ぐましい努力が綴られる。そして、この序文跋文とも、子孫に向けられたもので、苦労して集めたこの蔵書を虫に食《は》ませることなく、また散逸させることなく、大切に後世へ伝えて欲しいと切なる願いを述べている。が、このような願いをことさらに書き残すこと自体、忠順自身がその難しさをよく心得ていたのではないだろうか。

　果たして、明治十七年に忠順が七十三歳で没するや、村上家では蔵書を維持することが困難となる。無理からぬ話で、百冊単位ならばともかく、書物も万冊単位となると、虫干しだけでも膨大な手間と暇を要し、普通の家では管理できないからだ。ことほどさように巨大文庫の永続は難しい。ところが幸いなことに、当時の刈谷町（現・刈谷市）には宍戸俊治と藤井清七という見識も財力も備えた有力者がおり、大正三年に蔵書を一括購入して、新設の建物とともに刈谷図書館として町に寄付したため、蔵書は散逸を免れることができた。そしてその膨大な蔵書の整理に当たったのが、宍戸の見出した当時二十歳そこそこの森銑三《せんぞう》（一八九五〜一九八五）で、森はわずか数年で目録作りの大仕事をやり遂げたのである。この稀有な体験が、のちに二十世紀最大の書物文化と伝記の研究者に大成する森銑三の原点にあることは疑いない。

羽田八幡宮文庫跡地

　三河のもう一人の書物の先達は、東海道吉田宿（現・豊橋市）近郊の羽田《はだ》八幡宮の神主で国学者の羽《は》田野《だの》敬雄《たかお》（一七九八〜一八八二）だ。敬雄は二十二歳年長の渡辺政香と交友があり、その影響を受けている。吉田宿周辺の数多くの有力者たちの支援を受けて嘉永二年（一八四九）に羽田八幡宮文庫を設立した。蔵書は漸次増補され、約二千五百点・一万冊余に達した。

　この文庫の特筆すべき特徴は、神社の文庫ではあるものの、吉田の町人を中心とする幹事によって運営されたことと、誰にでも閲覧させるのみならず、貸し出しまで行う本格的な図書館であったことである。この先進性の背景に、地域の経済や文化の豊かさがあったことはいうまでもない。

そんな文庫も維新以後は徐々に維持が困難となり、明治十五年に羽田野敬雄が八十五歳で亡くなり、文庫を支えてきた有力者たちも続々世を去り、ついに明治四十年に蔵書は名古屋の古書店に売却されるに至る。が、ここでも文庫散逸を惜しむ人々が運動した結果、蔵書の大部分、九千冊余が買い戻されて、明治四十五年に創立された豊橋市立図書館に収められ、現在に至っている。

奇しくもこの両文庫が危機を迎えた時期は、岩瀬文庫の草創期と重なっている。弥助は両文庫の状況を知悉していたはずで、現に羽田文庫本が名古屋の古書店其中堂《きちゅう》にあった短い期間に、その中から三百五十点ほどを弥助は買収している。それとともに、両文庫の苦境を見つつ、弥助は自ら作ろうとする文庫が同じ轍を踏まぬように方策を考え抜いたに違いない。羽田文庫を見るならば、文庫を公開図書館にするだけではいまだ十分と言えない。

岩瀬文庫は不断の改善がはかられた。閲覧室には女性が男性の視線を気にせずに読書ができるようにと婦人閲覧席が設けられた。文庫の書物を利用しない子どものために児童館が建てられた（「おもちゃ館」として現存する）。遠方からやってくる利用者のために宿泊施設も作られた。講演会などが開催できるよう講堂も併設された。文庫の周辺は公園として整備され、種々の果樹が植えられた（特にヤマモモは巨木となって、毎年、鳥たちも食べ尽くせないほどの果実を実らせる）。このように徹底的に公共の利用がはかられた。これらは文庫を退転させぬために弥助の打った布石の一つであって、そのねらいは結果的に功を奏することとなる（74ページ以下参照）。

ただし、古典籍専門文庫の将来は安泰ではない。現世中心主義が社会の隅々にまではびこる中で、死者との対話という、読書の重要な側面が軽視されつつあるからだ。文庫の中には書物とともに先人の志が詰まっている。それは絶対に死蔵させてはならない、社会の宝物なのである。

参考資料「八幡書庫記」と弥助灯籠の銘文

◉渡辺政香「八幡書庫記」全文

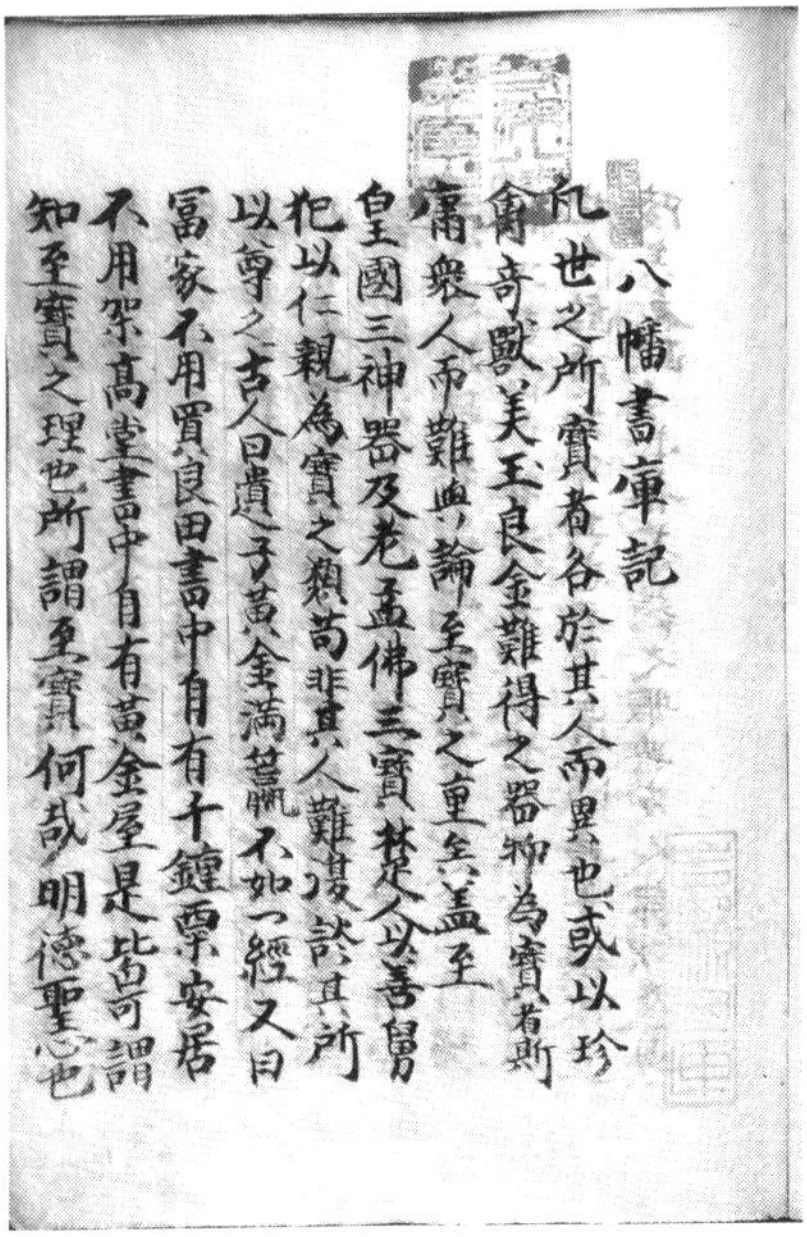
八幡書庫記
凡世之所寶者各於其人而異也或以珍
禽奇獸美玉良金難得之器物為寶者斯
庸衆人而難與論至寶之重矣蓋至
皇國三神器及老孟佛三寶楚人以善舅
犯以仁親為寶之類苟非其人難復談其所
以尊之古人曰遺子黄金滿籯不如一經又曰
富家不用買良田書中自有千鍾粟安居
不用架高堂書中自有黄金屋是皆可謂
知至寶之理也所謂至寶何哉明德聖心也

（朱印「以一貫」）　八幡書庫記

凡《およ》そ世の宝とする所の者は、各《おのおの》其の人に於いて異なり。或いは珍禽奇獣、美玉良金、得難きの器物を以て宝と為す者は、斯《こ》れ庸衆の人にして、与《とも》に至宝の重きを論じ難し。蓋《けだ》し皇国の三神器、及び老孟仏の三宝、楚人の善を以て、舅犯《きうはん》の親《しん》を仁《いつく》しむを以て宝と為すの類に至りては、苟《いや》しくも其の人に非ずんば復《ま》た其の之《これ》を尊ぶ所以を談じ難し。古人の曰く、「子に黄金満籯《まんえい》を遺さんよりは一経《けい》に如《し》かず」、又曰く「家を富まさんとならば良田を買ふを用ひざれ、書中自《おのづか》ら千鐘《しょう》の粟《ぞく》有り。居《きょ》を安んぜんとならば高堂を架するを用ひざれ、書中自ら黄金の屋《をく》有り」と。是皆至宝の理を知ると謂ひつべし。

所謂《いはゆる》至宝とは何ぞや。明徳聖心なり。其の聖徳に入る階梯は書に非ずして何ぞや。唯天縦生知の者のみ、階梯無しと雖《いへど》も自ら其の室に入り、其の宝を得ん。其の餘は階梯無くんば則ち其の室に入り、其の宝を得ること能はず。故に世に無くんばあるべからざるものは書巻、人に無くんばあるべからざるものは明徳聖心なり。

予、少壮より神庫を建て図書を蔵するの志《こころざし》有り。然れども、僻境薄禄、顧《かへりみ》れば経済の才無く、徒《いたづ》らに素貧の累有り。事、時俗と違ひ、遷延趑趄《ししょ》たり。而るに口に囁嚅《せつじゅ》して未だ曽《かつ》て人に一阿堵物《あとぶつ》を乞はず。

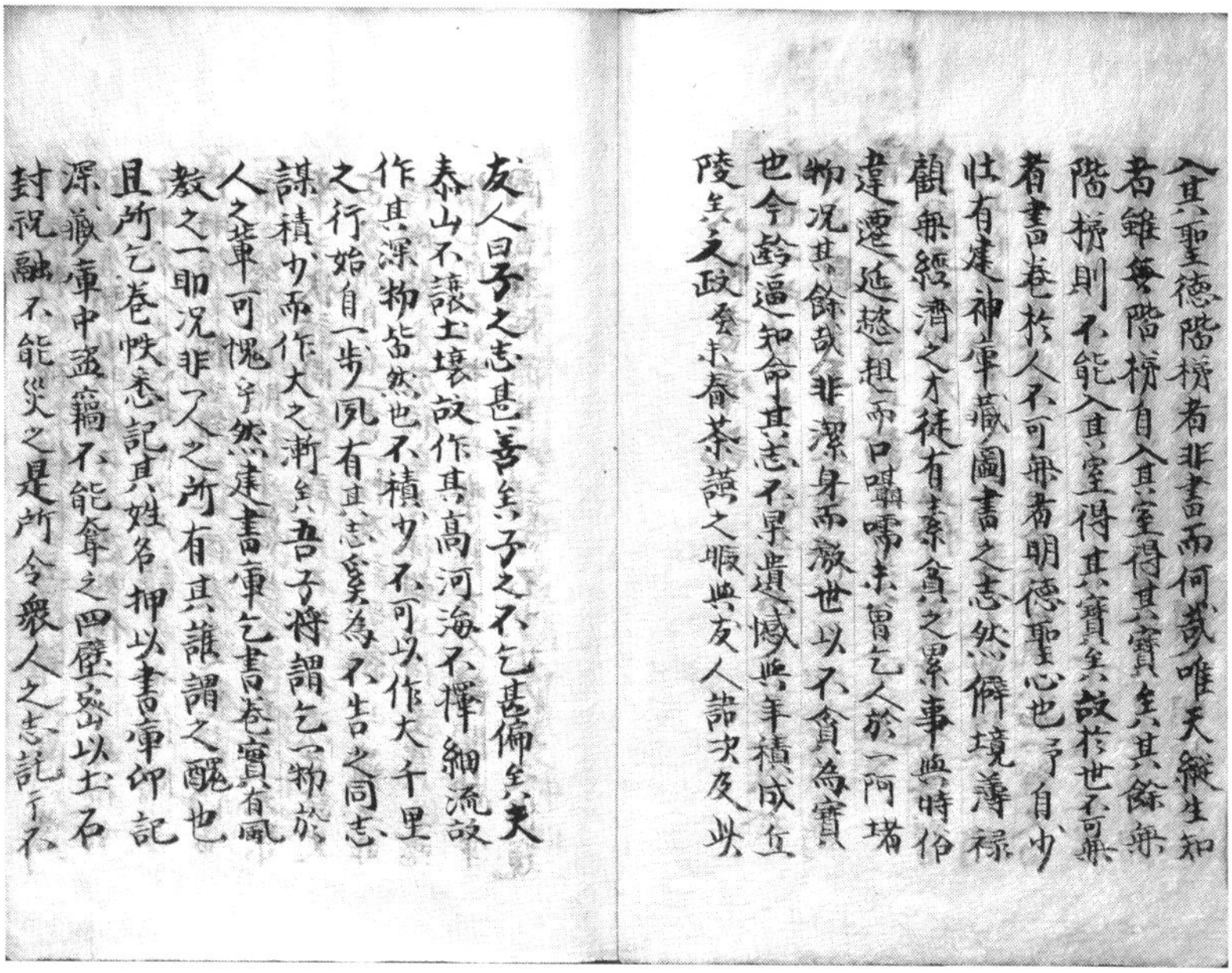
入其聖徳階梯者非書而何哉唯夫継生知
者雖無階梯自入其室得其寳矣其餘無
階梯則不能入其室得其寳矣故於世不可無
者書也巻於人不可無者明徳聖心也予自少
壮有建神庫藏圖書之志然僻境薄禄
顧無經濟之才徒有素貧之累事與時伯
違遷延懋想而口囁嚅未曽乞人於一阿堵
物況其餘哉非潔身而激世以不貪為寳
世今齢逼知命其志不果遺憾與年積成丘
陵矣文政癸未春茶讌之暇與友人話次及此

友人曰子之志甚善矣予之不乞甚偏矣夫
泰山不讓土壌故作其高河海不擇細流故
作其深物皆然也不積少不可以作大千里
之行始自一歩夙有其志奚為不告之同志
謀積少而作大之漸矣吾子将謂乞一物於
人之輩可愧乎然建書庫乞書巻實有風
教之一助況非一人之所有其誰謂之醜也
且所乞巻帙悉記其姓名押以書庫印記
深藏庫中盗竊不能奪之四壁密以土石
封祝融不能災之是所令衆人之志託于不

況《いは》んや其の餘をや。身を潔《いさぎよ》くして世を激するに非ず。貪らざるを以て宝と為せばなり。今、齢《よはひ》知命に逼《せま》り其の志果たさず、遺憾、年と与に積もりて丘陵を成す。

文政癸未の春、茶讌の暇、友人との語次、此に及ぶ。友人の曰く、「子の志《し》は甚だ善《よ》し。子の乞はざるは甚だ偏なり。夫れ泰山は土壌を譲らず、故に其の高きを作《な》す。河海は細流を択《えら》ばず、故に其の深きを作す。物皆然り。少を積まずんば以て大を作すべからず。千里の行も一歩より始む。夙《つと》に其の志有りながら、奚為《なんす》れぞ之を同志に告げ、少を積みて大を作すの漸《ぜん》を謀らざりしか。吾子、将《まさ》に一物を人に乞ふの輩を愧《は》づべきと謂はんとするか。然れども、書庫を建て書巻を乞ふは実に風教の一助有り。況《いは》んや一人の所有に非ざるをや。其れ誰か之を醜と謂はん。且つ、乞ふ所の巻帙《かんちつ》は、悉く其の姓名を記し、押すに書庫印記を以てし、深く庫中に蔵せば、盗竊《たうせつ》も之を奪ふこと能はず。四壁は密に土石を以て封ぜば、祝融《しゆくゆう》も之に災ひすること能はず。是れ衆人の志をして不朽に託し、長く明神の保護を祈《ねが》らしむる所なり。吾が徒、孤陋《ころう》にして裨益する所無しと雖も、庶はく

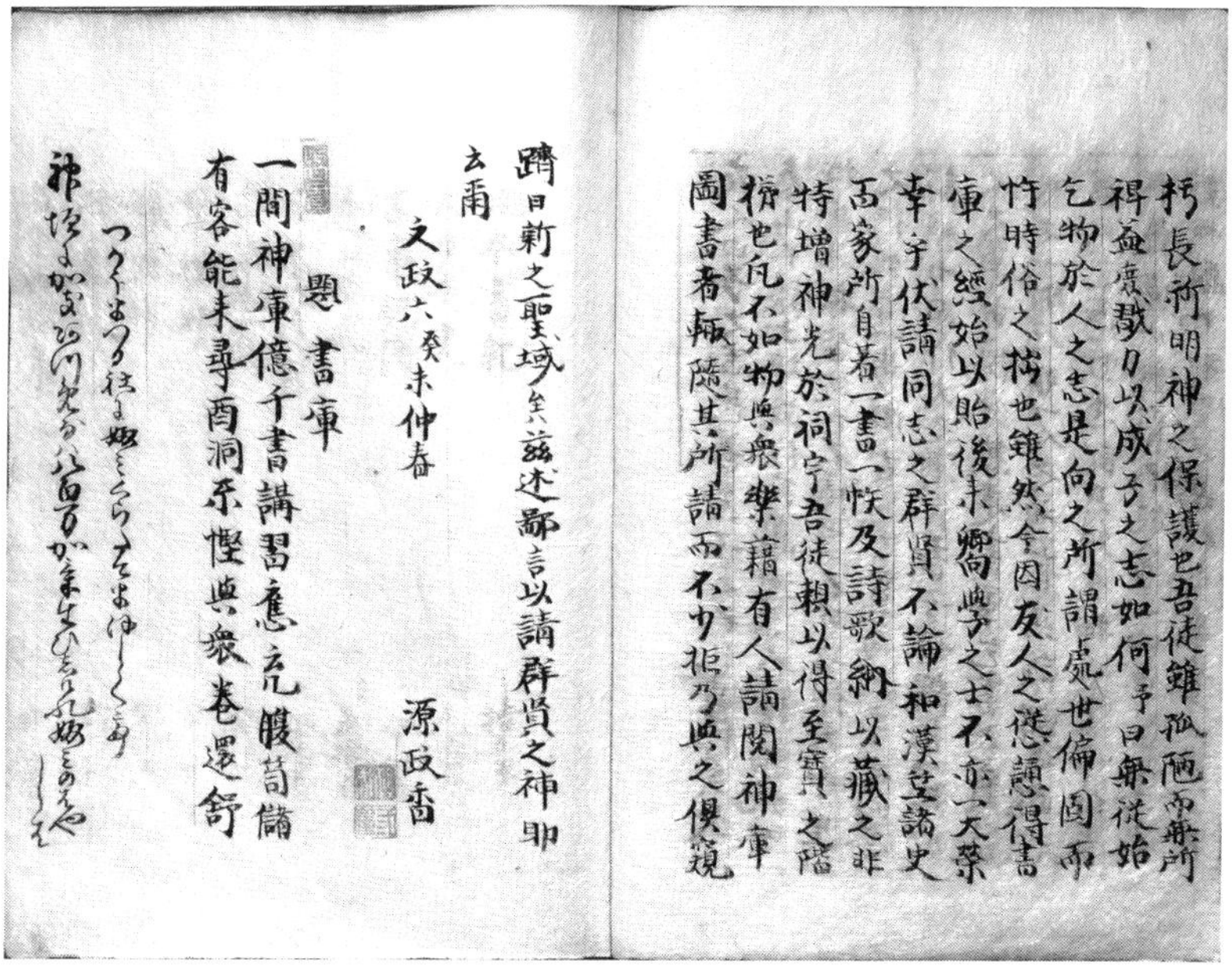
得益處戮力以成予之志如何予曰無従始
乞物於人之志是向之所謂處世偏固而
忤時俗之拙也雖然今因友人之慫慂得書
庫之經始以貽後來嚮學之士不亦一大榮
幸乎伏請同志之群賢不論和漢竺諸史
百家所自著一書一帙及詩歌納以藏之非
特增神光於祠宇吾徒頼以得至寶之階
梯也凡不如物與衆樂藉有人請閲神庫
圖書者輙隨其所請而不少拒乃與之俱窺
躋日新之聖域矣茲述鄙言以請群賢之補助
云爾
文政六癸未仲春　源政香
題書庫
一間神庫億千書　講習應充腹笥儲
有客能來尋酉洞　不慳與衆卷還舒
つかうまつる社にふみくらたてまほしくて

は力を戮《あは》せ以て予の志を成さん。如何」と。
予の曰く、「始めより物を人に乞ふの志無きは、是向《さき》に謂ふ所の処世偏固にして時俗に忤《さか》ふの拙なり。然りと雖も今友人の慫慂《しょうよう》に因《よ》りて書庫の経始を得、以て後来嚮学《こうがく》の士に貽《おく》るは亦一大の栄幸ならずや。伏して請ふ、同志の群賢、和漢竺諸史百家を論ぜず、自ら著す所の一書一帙及詩歌を納め、以て之を蔵せしめんことを。特《ただ》に神光を祠宇《しう》に増すのみに非ず、吾が徒の頼《さいは》ひに以て至宝を得るの階梯なり。凡そ物は衆と与に楽しむに如かず、藉《も》し人の神庫の図書を閲せんことを請ふもの有らば、輙《すなは》ち其の請ふ所に随ひて少しも拒《こば》まざらん。乃《すなは》ち之と倶《とも》に日新の聖域を窺ひ躋《のぼ》らん」と。茲《ここ》に鄙言を述べ、以て群賢の補助を請ふと爾云《しかい》ふ。

文政六癸未仲春　源政香（朱印「政香」「三善」）

（朱印「以一貫」）書庫に題す

一間の神庫、億千の書　講習して、応《まさ》に腹笥《ふくし》の儲を充たすべし
客有りて能く酉洞《いうどう》を来尋せば　慳《をし》まず、衆と与に巻き還《ま》た舒《の》べんことを

つかうまつる社《やしろ》にふみくらたてまほしくて

神垣にかきあつめなば八百万《やほよろづ》　かげ生《お》ひしげれふみのはやしは

【語注】

○庸衆　凡庸な人々。○皇国の三神器　三種の神器のこと。○老孟仏の三宝　老子の三宝は慈と倹と「不敢為天下先」(世の中に先んじて何かをしないこと)。孟子の三宝は土地と人民と政事。仏教の三宝は仏と法と僧。○楚人の善を以て…　『大学』(四書の一)に「楚書に曰く、『楚国は以て宝と為すもの無し、惟《ただ》善を以て宝と為す』と。舅犯曰く、『亡人は以て宝と為すもの無し、親を仁しむを以て宝と為す』と」。○子に黄金満籯を…　『漢書』「韋賢伝」に見える語。子どもにかご満杯の黄金を遺すよりも一冊の経書を教えた方がよい。○家を富まさんとならば…　『古文真宝前集』巻一「真宗皇帝勧学」に見える語。「千鐘の粟」は役人として出世して得られる高い俸給のこと。○明徳聖心　明徳は人が天より得たすぐれた徳性のこと。『大学』の冒頭に「大学の道は明徳を明らかにするに在り」。聖心は聖人のような心。『荀子』の「勧学篇」に「積善徳を成せば、神明自得し、聖心備はる」。○階梯　はしご段。目的に至る過程のこと。○天縦生知　生まれながらにして何でも知っていること。○書巻　書物。○僻境薄禄　都から離れた地に住み、収入が少ないこと。政香の寺津八幡社は幕府より三十五石七斗の朱印地を得ていた。○経済の才　やりくりの能力。○遷延趑趄　のびのびになって、ゆきなやむさま。○囁嚅　ささやくこと。言いさしてやめること。○阿堵物　銭のこと。○世を激する　世の中をそしる。○知命　五十歳。○文政癸未　文政六年(一八二三)。政香は四十六歳。○茶讌　茶会。○偏　かたよっている。かたくなである。○泰山は土壌を譲らず・河海は細流を択ばず　『史記』「李斯伝」に見える語。度量の大きな人は小さなものも受け入れて大事を成し遂げる意。○漸　段々にことを進めること。○風教　徳により人々を教導すること。○巻帙　書物。もともと巻は巻子本、帙は綴本(冊子本)のこと。○盗竊　盗人。○祝融　火事を起こす火の神。○不朽　不滅。○明神　寺津八幡社の祭神。○孤陋　世間から離れ見識が狭いこと。○処世偏固　世渡りのやり方がかたくなであること。○時俗に忤ふ　時流に逆らう。○慫慂　すすめ。○経始　建物を建て始めること。○嚮学　向学に同じ。○特に神光を…　文庫の創設により神社の威光が増すだけでなく。祠宇は神社の殿舎。○日新　『大学』に「湯の盤の銘に曰く、『苟《まこと》に日に新たに、日日に新たに、又日に新たなり』と」。不断の自己改善を説く儒学の重要理念。○腹笥　腹中の書架。○酉洞　二酉洞に同じ。書庫の意。○巻き還た舒べん　巻舒は書物を巻いたりのばしたりすること。○かげ　「神垣のかげ」(神の庇護)と「ふみのはやしのかげ」(木々が生い茂って出来る陰)の意を掛ける。○ふみのはやし　漢語の「書林」を和語化した語。書物のたくさんあることを林にたとえていう。

◉弥助灯籠銘文

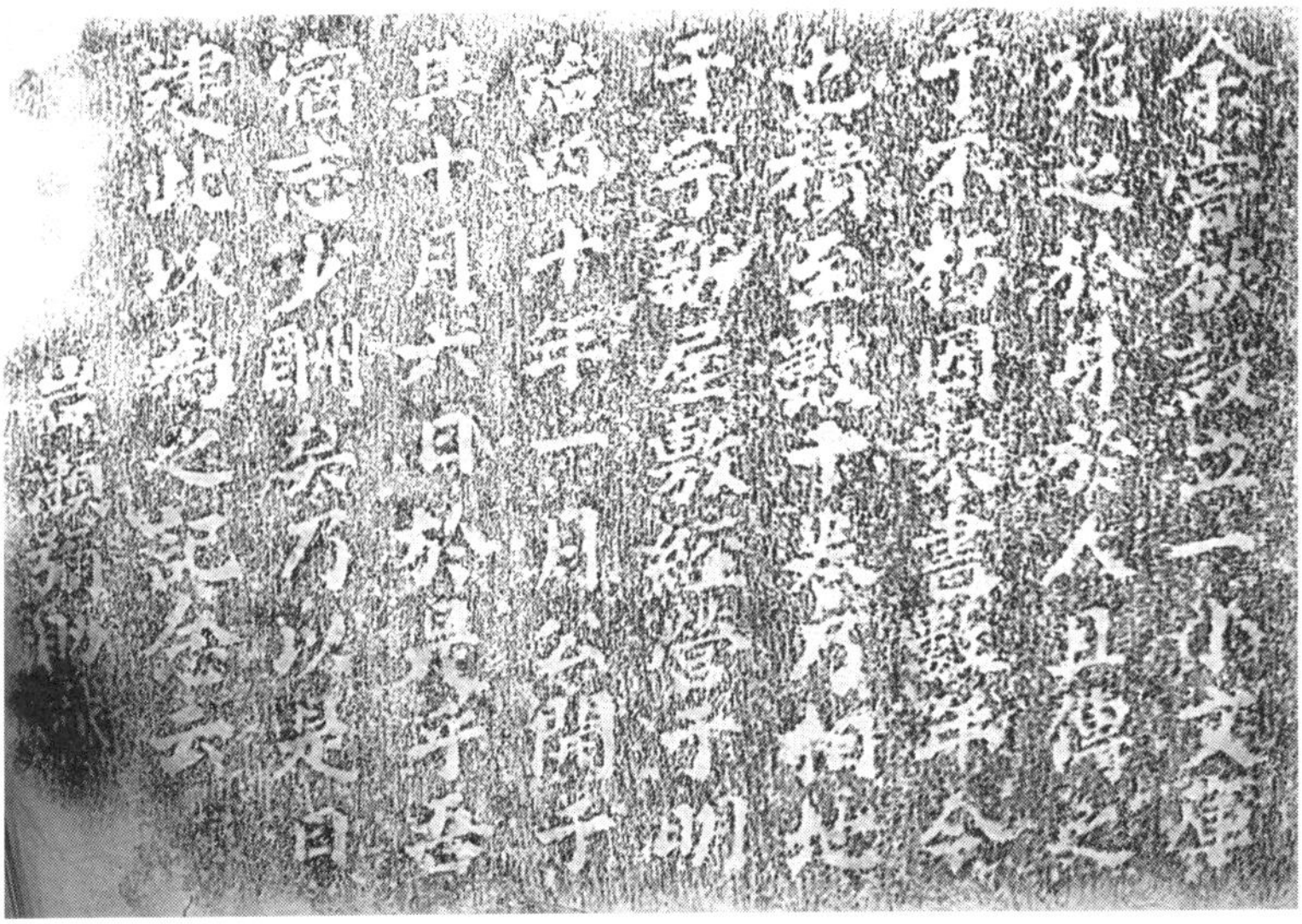

余嘗《われかつ》て、一小文庫を設立し、之《これ》を身にも人にも施し、且《か》つ之を不朽に伝へんと欲す。因《よつ》て書を聚《あつ》むること数年、今や積みて数千巻に至る。乃《すなは》ち地を字《あざ》新屋敷に相《さう》し、明治四十年一月に経営し、其の十月六日に公開す。是《ここ》に於てか、吾が宿志、少しく酬《むく》はれたり。乃ち是の日を以て此を建て、以て之が記念と為すと云ふ。　岩瀬弥助

【語注】

○身にも人にも　自分にも他人にも。○新屋敷　岩瀬文庫が現存する地の当時の字名《あざな》。西尾城下町の北の廓外、追羽《おつば》門《もん》の西北に位置する。幕末期に参勤交代制の緩和により、西尾に引き上げてきた江戸詰藩士のために新たに設けられた武家屋敷町で、そこにあった旧西尾藩調練場跡の広大な用地を買収して文庫が建設された。○経営　土地に建物建設の縄張りをすること。○十月六日　文庫の公開日を明治四十年十月六日とするが、工事が遅延したため、実際の公開式（開館式）は翌明治四十一年五月六日に執り行われた。当初の公開予定日は、弥助の満四十歳の誕生日に当たる。翌年の正月に弥助は数え四十二の大厄を迎えるため、前年までに厄払いのために慈善の出費をしておこうと考えたらしい。

【古典籍豆知識①】表紙と外題

日本の書物文化は中国のそれを学んでいるが、ほかの諸文化と同様、少し違うところもある。表紙もそうで、中国の表紙は薄く、小口《こぐち》以外の天地と背の三辺を切り揃えた三方切付《さんぽうきりつけ》表紙が多い。日本の表紙は厚紙の芯《しん》紙に薄い染紙《そめがみ》を貼ったもので、四方を切らずに折り込んで本紙（本文）に合わせる。そして型押（模様を彫った版木を上から押す）や空《から》押（版木を裏から当てて表にうっすらと模様をすり出す）などにより種々の模様が施され、これは朝鮮本の装丁に似ており、そちらを学んだものだろう。

表紙は書物を外界から護るものでもあり、一種の消耗品だから、取り替えることを前提とした中国風が書物文化的には理にかなっているのだろうが、内容に応じて表紙に種々の意匠を施した日本風も捨て難い。現代と同様、表紙に本の作り手の好みや時代相が現れていることもある。滅びやすいものだけに、オリジナルの表紙が残っていることは書物の評価を上げる要素になる。

表紙を重視したことに伴い、日本の書物には基本的に外題《げだい》があり、つまり題簽《だいせん》（長方形の貼紙）や直接書いたり刷ったりすることにより表紙に書名が記される。中国は基本的に外題がなく、内題《ないだい》（本文の冒頭に記される書名）で示す。表紙とともに外題は滅びやすいから、これまた中国の方が書物文化として成熟している。

日本の書物は、書名を定めるのに一苦労する。外題は題簽の剥落や表紙の改装により失われることが多いし、内題はないことが多く、あっても外題と異なることが多いからだ。これについて、中国風に、内題を優先すべきという考え方もあるが、事務処理優先の便宜主義的なやり方で、学問的ではあるまい。和書の場合、外題に本の作り手の意思が表れていることが多く、原則として外題によるのが妥当であると思う。失われている場合にはオリジナルの外題を探索すべきだ。少なくとも書誌を記述する際には、岩瀬文庫の書誌データベースのように「書名の備考」欄を設け、内題が異なる場合などは注記するのがよい。

名前は一つであるべきというのは近代以降の感覚で、人間の場合でも昔は通称や字《あざな》、諱《いみな》、号などを使い分け、また生涯に何度も改名するのが常だった。書名もそれに準じて考えるべきだろう。

岩瀬弥助式古書購入法

このブックレット編纂のため、関係資料を再捜索したところ、岩瀬弥助に宛てた古書店の書簡やハガキが十七通出現した。差し出した年の不明な手紙もあるが、ほぼ岩瀬文庫開館の明治四十一年前後のものと見られる。弥助の古書購入のやり方については、なかなか厳しいものであったと言われている（51ページ参照）。今回出現した書簡群は、その伝承を裏付けるもので、興味深い内容を含んでいた。

たとえば、大阪の伝説的古書店、松雲堂鹿田静七（三代目）の書簡三通がある。一通目は明治三十九年十二月二十四日付のハガキで、松雲堂の販売目録『書籍月報』による注文品を一両日中に送付する旨の簡略な返事だ。中で注目すべきは、弥助が軍事公債証書五百円券を送っており、それを受け取った旨をも知らせている。

ここで明治末年の物価について確認しておくと、明治四十年に夏目漱石が朝日新聞に入社し、年俸は三千円だった（東京帝大講師時代には八百円）。同じ年に石川啄木は函館の弥生小学校に代用教員として奉職、月給十二円だった。啄木の『悲しき玩具』（明治四十五年）に「月に三十円もあれば、田舎にては／楽に暮らせると――／ひよつと思へる」の短歌がある。盛り蕎麦は三銭。三越に新設された食堂のコーヒーは五銭（以上、『物価の世相１００年』を参照した）。当時の一円は今の一万円程度と見て大過あるまい。

おそらく弥助は大量の注文をするに際し、自らの支払い能力を保証するために、予め多額の証券を預けたものと思われる。

二通目はそれから十数日後の明治四十年一月十一日付。前記の買い物に対する支払いであろう、最初に弥助より振替貯金で四百四円五十六銭の送金を受け取った旨を記し、「然る所、前申し上げ候通り、代価の義は何分致し方これ無く、弊店は一切割引仕らず、正確に極く引き詰め候所を記載仕り、時々大学、又は図書館、その他御顧客より多数の御買い上げを願い候節とても、運賃は勿論申し請け、割り引き等は一切仕ら

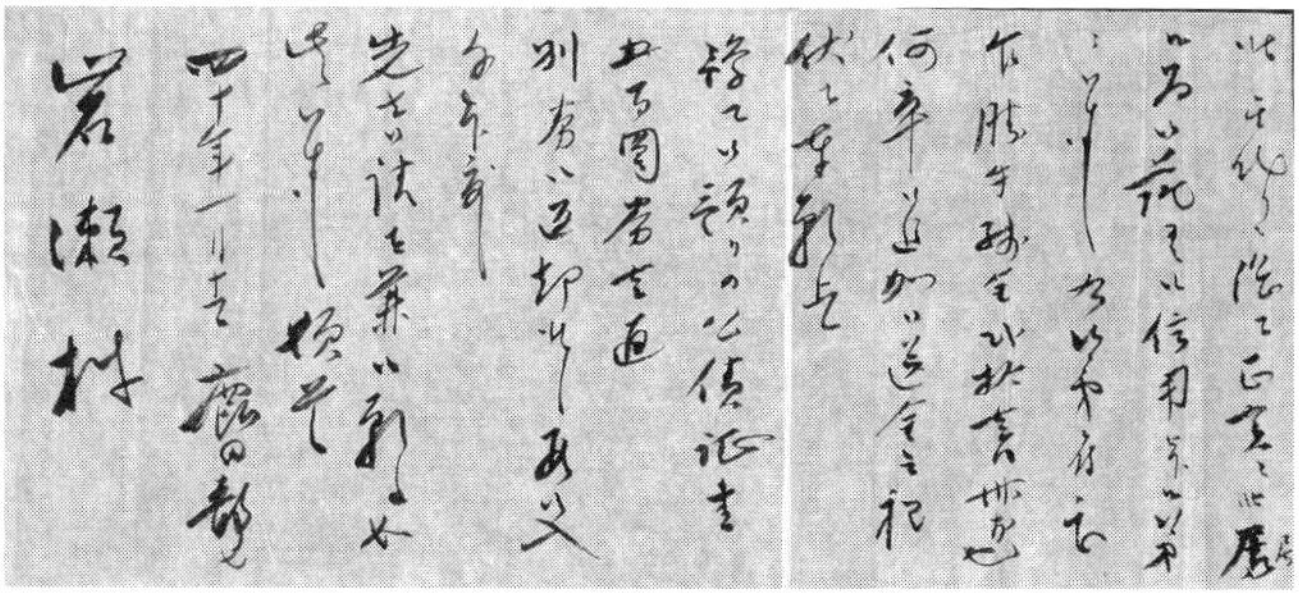
松雲堂書簡

ず」として、不足額の二十一円三十銭を追加送金するよう要求している。この二十一円三十銭は請求総額となる四百二十五円八十六銭の五分に相当する。つまり弥助は請求額に対して一方的に、ちょうど五パーセントを割り引いた金額を支払っているのだ。

　次の三通目は同じく明治四十年の九月十三日付。松雲堂の古書目録への注文に対する返事で、最初に弥助の今回の注文のうち「西備辺の地誌類」は、まとめてほかへ売れてしまった旨を記す。これは松雲堂の『書籍月報』七十二号（明治四十年九月十日）に載る、何れも写本の地誌類『備陽六郡志』（巻三十二欠、四十六冊、十五円）・『福山志料』（巻七欠、三十二冊、二十五円）・『西備名区』（巻二十六欠、七十九冊、二十五円）であろう。三点とも大部で廉くはないが、既に全国の地誌を手厚く集めようとしていたことがわかる。

　次にここでも次のように記される。「次に直引《ねびき》の義、仰られ下され候処、先達ても毎々申し上げ候通り、当方は極く引きつめ候処を記載仕り居り候次第にて、何方より何程多数御用命下され候も、一切正価にて相願い居り候次第にて、この義宜しく御諒察下され度く候」と、やはり弥助が値引き交渉を繰り返したことがわかる。

　ただ、これに引き続き、「しかし、尊館も公衆のため御公開の趣、新聞紙上にて相承り仕り居り候につき、今回は右御開館御祝詞として御買い上げ下され候金額に相当の五分だけ、御必用の書物にて献本仕り度く存じ奉り候」とあり、公共図書館としての岩瀬文庫開館を祝賀して、買い上げ金額の五パーセント分の献本を申し出ている。弥助の粘り勝ちというべきか。

　このほかに弥助に宛てた古書店の書簡は、東京の唐本専門店文求堂が一通、京都の竹苞楼《ちくほうろう》（佐々木惣四郎）が四通、其中堂《きちゅうどう》が三通、東京の磯部屋（文昌堂）が四通、東京の浅倉屋が二通、名古屋の玉潤堂（三輪文次郎）が一通ある。簡単に触れておくと、このうち竹苞楼の一通は、明治四十二年六月、何れも東福寺塔頭善慧軒旧蔵で、朝鮮古活字本『蘇玉堂詩（増刊校正王状元集註分類東坡先生詩）』二十六冊二百七十円と、元版

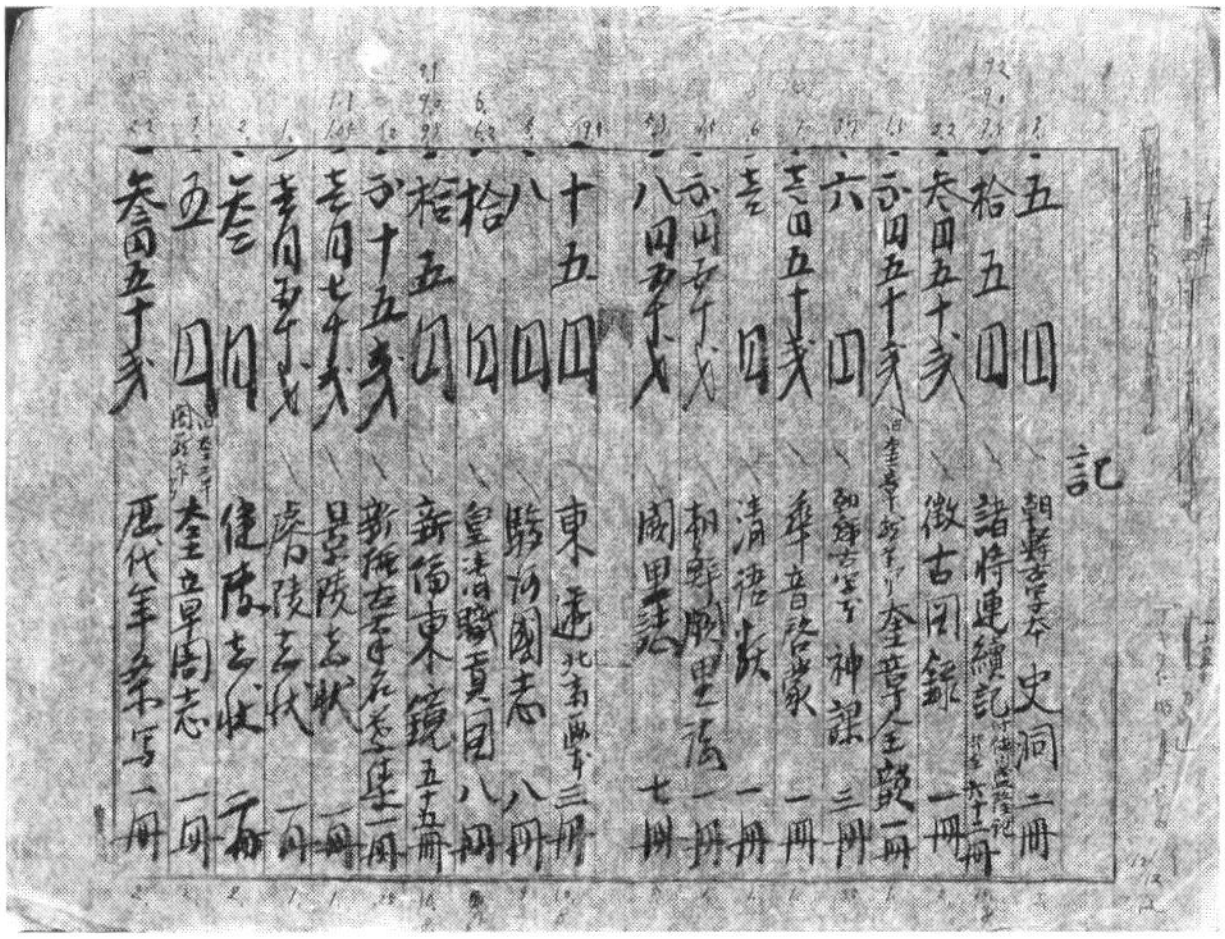
磯部屋書簡と弥助の書き入れ

『周易伝義（周易伝義附録）』九冊百二十円という稀覯書を売り込む内容だ。後に弥助は両書とも購入しているが、前者は書籍に添付されたメモ紙片により、実際には二百四十円で買ったことがわかっている。

浅倉屋の二通は何れも古書の書名と価格を列記した見積書で、各価格に七割強を掛けた金額を弥助が書き入れており、これが弥助の購入金額だろう。

また磯部屋の一通は、明治四十二年十二月、「朝鮮古写本　史洞」など二十八点の見積書だが、総額二百六十四円五十五銭に対し、弥助は鉛筆で「一六五カウ／デキネバヤメ」つまり百六十五円ならば買うが、出来なければ買わないと記している。それらの書籍は文庫に現蔵されており、値引きは成立したらしい。また磯部屋の某年十二月の書簡では、為替で送金された百五十五円を受け取った旨を記し、ただし送本済みの書籍代金は総計二百十一円四十銭で、原価を調べてみると受け取った百五十五円では十二円ほど欠損が出るので、あと十五円だけ送金して欲しいと懇願している。前者は請求額の六二パーセント、後者は七三パーセントに割引いているが、弥助の強気の背景には、何れも当時の商人が現金を必要とした十二月の買い物だったことがあるのかもしれない。

名古屋門前町にあった其中堂は大古書店で、京都にも支店があった（現在は京都に本拠を移して盛業中）。最後にその一通を紹介しておく。某年某月十七日夕の其中堂「倅《せがれ》」の書簡で、内容は「書目」（『其中堂販売書目』）による弥助よりの注文について、「主人上京滞在（支店に）中に付き、一応照会仕るべく候。其上にてせいぜい御便宜の方法考え申すべく候」とある。つまり弥助よりの値引きの交渉について、京都支店に出張中の主人に相談すると言っているのだ。

其中堂書簡と弥助の覚え書

　この手紙の余白には、珍しく弥助による返信の案文（覚え書）が記されている。それによれば、その後まもなく京都から主人の返信を得たらしく、一月十九日夜に「貴方仰せの値段にて申し受くべく候。その代わりに、小生希望の米庵原稿は、かねて申し上げ候三拾円にて御売り渡し下され度く候」などと返信している。この「米庵原稿」とは明治四十年一月発行の『其中堂販売書目』第二十六号に見える「米庵墨談原稿〈半紙無表紙　全九冊／正価未定〉」に相違なく、明治四十年一月の書簡と判明する。この『米庵墨談』の自筆草稿本も取得に成功して文庫に現蔵する。他の購入品の値引きを手加減する代わりに、希望価格で入手したのだろう。このように個々の資料について弥助が執着を見せた事例は珍しい。

　以上、文庫草創期に熱心に古書を購入していた頃の岩瀬弥助の横顔を、書簡資料を通してうかがった。それは最大の投資効果を追求する冷徹な商人としての風貌で、古書店主たちとの駆け引きは、資本主義社会の常として、おおむね資金潤沢な弥助の勝利に帰したらしい。こうやって少しでも多くの古書を集め、それを未来の世の中へ贈ったのだった。

【古典籍豆知識②】
補修

　岩瀬文庫では市民ボランティアの人たちが定期的に集まって、文庫の本の綴じ糸直しや中性紙の保存箱作りなどの保守点検作業に励んでくれている。書物は人間に比べて悠久の命があるものの、それでも人間と同様、定期的に手を入れてやるのが望ましく、放置は荒廃に繋がりやすい。本が開かれ、ほこりを払い、人の息が当たるだけでも、本は活気を取り戻すものなのだ。

　岩瀬文庫の書物はあまりにも大量なので、ほとんど虫干しをされることもなく、長年土蔵造りの旧書庫に自然保管されてきたが、総じて保存状態はよい。すのこ造りの本棚で通気が良く、また適度に閲覧に供されてきたためだろう。一部に虫損の進んだ資料もあるが、閲覧されにくい分野の書物が多い。

　日本の古典籍の大部分は袋綴じの装丁で、これは紙の片面しか使用しない。それは薄さが取り柄の和紙には両面印刷や両面書きが適さないことなどの理由によるが、無駄のように見えて無駄でなく、製本も補修も簡単で素人にでもできるという大きな利点がある。本を虫が食えば、綴じをはずして本紙を広げ、紙の裏から虫穴の部分にやや大きめの紙を貼る「虫直し」か、虫損部が多ければ全体に紙を貼る「裏打ち」を施してから綴じ直せばよいのだ。洋装本だとこうはいかない。

　特に和本の虫直しは誰にでもできることで、コツは補修用の紙はハサミで切らず、手でちぎることだ。そうすると紙の端の繊維がけばだって補修後に際立たなくなる。紙は安いものでよいから手漉きの薄手の和紙を、糊は生麩《しょうふ》糊を使う。遠い未来へ届ける書物には、化学糊など耐久性に問題のある素材を使うべきではない。数年も経たぬうちに本紙を傷めてしまうセロファンテープだけは、間違ってでも使ってはいけない。

　特別な貴重書以外、そのような手当ては読書家のなすべき仕事で、現にそんな補修をかつて施された書物を岩瀬文庫で多数見た。

　以前、歴史資料を扱う専門家の講演を聴いたことがあり、現状を維持することの重要性を最も強調していた。古文書類はそうなのかもしれないが、書籍資料はそれではいけない。書物は、情報を発信する現役であり続けるからだ。その時点その時点でよりよい状態であるように配慮を加え、次の世代へ大切に送り届ける必要がある。

【座談会】

岩瀬文庫から図書館を考える

◉出席者
逸村 裕
筑波大学図書館情報メディア系教授
樽見 博
日本古書通信社編集長
堀川貴司
慶応義塾大学附属研究所斯道文庫主事・教授
◉司会
塩村 耕
名古屋大学文学研究科教授

岩瀬弥助は何を夢見たのか

塩村　まずは岩瀬弥助や岩瀬文庫について、何でも思うことをお聞かせ下さい。

樽見　岩瀬文庫は関係者の努力もありますが、すごく幸いなケースだったと思います。日本の近世・近代には各地方に岩瀬弥助のような篤志家がいて、文庫や学校に類したものをたくさん拵えた。学校がいまのように発達していないので、それらにより知識などの普及をはかりました。そのひとつとして、今日まで珍しく残ってきたのが岩瀬文庫でしょう。戦後、一時忘れ去られた時期もあったと思いますが、近年には蔵書の悉皆調査がおこなわれ、全国への発信が始まり、文庫の価値が高まりつつある。

岩瀬文庫は、ある意味で昔の地主

塩村 耕

制のプラス面が現れているのでしょう。甲府の市川大門にあった青洲文庫も同じような感じでしたが、いまは東京大学附属図書館に入ってしまった。

堀川　私はかつて岩瀬文庫の悉皆調査に参加した一人です。専門は日本の漢詩文ですが、調査では何でもかでも順番に見ていかなければならない。そうやっていろいろな本に接することができたのが勉強になり、喜びでもありました。調査には名古屋大学を中心に院生などいろいろな人が参加していたので、自然と教育的な効果もあったと思います。

岩瀬弥助という人はどういう人だったのか…。彼自身は膨大な古書を集めて、それを読むこと自体を楽しんでいたんじゃないかと思いますが、彼の趣味嗜好や、本を集めてどうしようとしていたのかはまだ謎です。それがもっと明らかになるといいのですが…。創立者の意識というのはこういう文庫にとってとても大事だと思うのです。

逸村　私は筑波大学で図書館情報学を教えています。学生には授業で岩瀬文庫を紹介します。筑波から愛知県の西尾まで行けとはなかなか言えないものの、岩瀬文庫のホームページはとても充実しているのでよい教材です。授業のなかで岩瀬文庫の三分間動画を見せます。私はプレゼンテーションの技術を教えていますが、あの動画はその点でもよくできていると高く評価しています。よくあれだけサンプルをそろえ、三分間でまとめたなと。公共図書館や文化施設のあり方、日本の文化の深みや面白みを示してくれるという意味でも高く評価しています。

塩村　岩瀬文庫は愛知県で最初期の図書館の一つです。前後して全国各地に私立の図書館ができましたが、現在ではほとんどなくなってしまいました。

逸村　その通りですね。歴史のどこか奥深くに埋もれてしまっている。有名なのは明治三十五年に開館した大橋図書館でしょうか。記録や写真は多く残っていて、男女別の部屋をつくったという記録は残っていますが、残念ながら総体としてはまだよくわかっていません。

塩村　岩瀬文庫にも婦人専用席がありました。ちなみに岩瀬弥助は文庫を作る前に各地の図書館を見学して回っていて、大橋図書館にも行っています。

逸村　たぶんお互いの情報の交換はあったんじゃないかと思います。日本図書館協会の前身の日本文庫協会は明治二十五年にできています。当時の図書館の内実は、運営の実態や実際の図書収集の詳細に踏み込んでということになると、よくわかっていません。

塩村　岩瀬弥助は、単なる図書館ではなく古書中心の図書館をつくったんですね。もちろん新刊の洋装本も購入していて、高価な学術図書や全集叢書類をちゃんと買っています。

樽見 博

ただ、それの何倍もの金をかけて古書店から大量に本を購入しているという事実があります。

本屋がなくなると文化も消える

塩村　最近古書即売会の会場を見たり、古書店の主人と話をしたりして強く感ずるのは、古書を手にしたり買ったりする人が明らかに少なくなっているということ。そのうち古書店のない社会がくるんじゃないかと、心配でたまりません。

樽見　古書はこれからも存在するので、その流通はずっと続いていく。いまほどでないかもしれないけれども、古書店の仕事がなくなることはまずないでしょう。最近雑誌の古書店特集は極めて多いのですが、「古書店でゆっくり本を探す至福の時間」という趣旨のものが殆どです。昔はこんなことは言わなかった。だって古本屋で時間をかけて本を探すのは当たり前ですから（笑）。特別な「至福」の時間と感じること自体おかしい。古書店でも新刊書店でもいいのだけれども、そういった場所で本を探す時間さえもてない、そういうことに価値を見出だせない社会になっていること、それが私の一番危惧するところです。

　いま公共図書館は、私が小さいころと比べて、どこもすごくいい環境にあります。本は揃っているし立派な椅子もあるし…。でも、図書館で本を借りることと、自分でお金を出して本を買うことは違う。近年、町の新刊書店がなくなりつつあるのが心配です。新刊書店は、私たちが本というものを最初に自分で購入するところなんです。いまの子どもたちが本を買うのは、大きなスーパーなどの複合店のようなガヤガヤしたところか、CDや携帯と一緒に本を

堀川貴司

売っているようなところでしょうか。本屋の主人の存在も大きくて、我々が小さいころに一冊の本を買うために三百円か五百円を握りしめ、町の小さな本屋で一生懸命選んで本を買った経験は極めて大きい。最初から古本という人はいないんです。大抵はまず新刊で本が好きになる。その最初のところがすごく大事だと思います。

逸村　子どものときにどのように本を入手するか、やはり学校と親の責任は大きいと思う。私事で恐縮ですが、数年前、長男が京都の大学へ行き、その二年後に娘も京都の別の大学へ行きました。別々に住み、ふだんは滅多に会わない二人が、古本市でバッタリ会ったという。一方、いまどきの学生なのでAmazonも使うし、情報を手に入れることに関してはスマホを始め、使えるものはフルに使う。でも専門性の高い本は、そういう本が揃っている古書店にいけば探しているものが見つかる可能性が高いし、偶然おもしろい本を見つけることもある。そうやっているうちに古書店主とも仲良くなったりして…という、割りといい循環で本の世界に入っているようです。親ばかですが（笑）。もっとも親として特別に教育した覚えはなく、子どもと一緒に出掛けた先で時間がちょっとあると、本屋や古本屋に引っ張っていったことがある程度です。

堀川　本とふれあう最初のきっかけが、身近なところにないのは問題ですね。古本屋も新刊の本屋も、昔は商店街に必ず一軒はあって、町の風景のひとつでした。それが商店街自体の衰退と連動してしまっている。

樽見　新刊書店がなくなり、古書店も地方からなくなっています。昔、日本古書通信社は『全国古本屋地図』を出していて、各都市ごとに文学散歩のように古書店を紹介していました。この店を見たあとに、近くに文学館があるからそこに行って、次の店に行って……といった風です。ところが、いまはもう出していません。大きな町でも古本屋が一軒しかないと地図にもならない。

塩村　地方に特色のある新刊の本屋さんや古書店があって、それなりの風土をつくっていたのに、それが消滅してしまうと文化そのものがなくなってしまう。

樽見　一軒の古書店があると、その周囲にゆるやかなサークルができる。

古書店を核にした人の集まり。そのなかで切磋琢磨することが大事なのに、そういう場がいまは目に見えて少なくなってしまった。
　古本屋さんというのは、お客さんと一緒に育っていく商売なんですよ。若いころに出会い、その人の蔵書形成を手伝いながら一緒に伸びていく。典型的な例が弘文荘の反町茂雄さんと天理の中山正善さん（天理教真柱）。普通の古本屋さんでも何人かの蔵書家をつかむことによって共に成長していく。蔵書をもつとはどういうことかというと、いわば知的な武装なのだと思います。自分の知識だけでは限界があるから…。それがいまはステータスにもならない。個人の蔵書を育てるという側面は、古本屋さんにとっていまでも大切な点なのに、なかなかそれができにくくなっているのが現状です。

逸村 裕

人間の本質を探る学問が軽視されている

塩村　去年風媒社から『文学部の逆襲』という本を出して、「日本古書通信」誌上でも特集を組んでもらったりしました。それなりに反響があって、やっぱり問題意識はちゃんと伝えれば伝わるものだと思いました。しかし、その後はどうなんでしょうか。

堀川　文部科学省の人文社会科学系学部の廃止や転換の通達については、相当世間の反発があり、あわててそういう意図じゃないなどと言っていましたけれども…。ただ、地方の国立大学は非常に難しい状況にあると思います。特に大学に地域貢献を求められていて、各大学もそれをやれば生き残れるのではと考えているようですが、あまりその方向だけに進めていくと、国立大学が存在する意味が半分失われるような気がします。地域貢献の一方で、普遍性ももっているというバランスも必要です。
　『文学部の逆襲』を読んでドキッとしたのは、最後の木俣さんの「廃墟」という言葉でした。潰れているのかまだやっているのかわからない古本屋も、一種の廃墟的なものではないでしょうか。奥が深くてなにかありそうな場所。昔は文学部の建物はすごく汚くて、古い本や器物がごちゃごちゃとあって、なにがあるかわからないみたいなところが多かった。そういうイメージを若い人にうまく伝えられたらおもしろいと思う。

逸村　大学もそうですが、公共図書館も「評価」の波にさらされている。貸出数とか入館者数とか、わかりやすいところが数字で評価される。それに対して、たとえば古典籍の紹介をするというような地味な活動は、手間がかかる割に評価が低い。もちろん評価する人は評価してくれても、それを積極的に表に出す術、教育委員会なり、議員なり、行政に対してどう働きかけたらいいかという問題があります。

塩村　特に人文系は数値的な評価に弱い。もっとも、世の中全般が短期的な評価ばかり求められて苦しんでいるように思われます。しかも腹立たしいことに、そういう評価のほとんどが事態の改善に役立っていない（笑）。

樽見　世の中が求めている理想的人物像がもしあるとするならば、ゆっくり成長するような人間ではなくて、すぐ結果が出せる即戦力です。物事を疑ってみるとか、これは本当なんだろうかとか、そんな態度は必要とされていない。

逸村　新しく教員を採用するときに基準になるのは論文の本数なんです。若い研究者にしても、もうちょっと考えを寝かそうかな、などという態度はゼロです。もちろん教員の間でもこれはまずいとわかっているのですが、やっと教員を一人採用できるというときに、論文のリストがずらっと出てくると、論文の本数から見ていくことになる。悪循環です。

塩村　評価の軸がひとつしかなくて、複数の評価が成り立ちにくい、そういう感じですかね。

樽見　今日はたまたま慶応大学でこうやって集まっていますが、慶応というのは商人というか、新しい産業人を育てるという理念が基本にありますよね。でも創立者は『学問のすすめ』を書いた福沢諭吉。本来は人間の本質というか、根っこをつくる学問の上にいろいろなものが成り立つと思うのですが、そこのところが軽視されているのかなと思う。

逸村　国際的な学会のあとの懇談会で、外国の人が話を聞きたがるのは、日本のいろいろな事情についてなんですね。いまはコミックの話が多いですが、小津安二郎についてどう思うか、などと聞かれたこともあります。たまたま子どものころ鎌倉に住んでいたので、小津の映画に出てくる横須賀線のシーンの意味がわかるかなどと、ぜったい知らないだろうなという話をするとおもしろがってくれる。そういう話をきちんと話してはじめて、人としてお互いの信頼関係ができる。そうすると昼間の本業の話もうまくいきます。

塩村　きっとビジネスの世界でも、政治や外交の世界でもそうでしょうね。文学とか映画の話をしないとね。

何も書き残さなかった岩瀬弥助

樽見　いろいろなところで古本に関する話をしてくれと頼まれるのですが、そのときに必ず言うことは、本が残っていく要素というのは、個々にバラバラにあちこちに優れた本があって、それが残るのではなくて、ある一人のひとが一定のテーマのもとに蔵書を形成し、それが次の時代へ伝わっていくということ。蔵書はひとつの「世界」です。基本図書や名著だけでできた個人の蔵書なんておそらくないし、あったら気持ち悪い。その人の個性が出ることがおもしろく、そうしないと新しい資料の発掘もないし、後世に残っていかないでしょう。

塩村　岩瀬さんの蔵書はなぜか天下一本が多い。写本はもとより、たとえ版本であっても、よその図書館にはない本が妙に多くて、それが文庫の魅力になっています。いま悉皆調査がほぼ最終段階に入ったところですが、それで気付いたことの一つは、単純な重複本がとても少ないことです。もしも古本屋の棚をここからここまで、みたいにブルドーザー的に買っていたら、同じ本がいくらでも重なるはずです。

樽見　きっと古本屋のほうで、岩瀬さんが何をもっていたか知っていたんですね。次に何をすすめるべきかわかっていた。

塩村　伊賀上野の沖森書店の沖森直三郎さん—昭和を代表する古書肆です—から直接うかがった話です。沖森さんは大正時代に大阪の鹿田松雲堂におられ、岩瀬さんを直接見知っていた。岩瀬さんは十二月になると予め電報で知らせてから古書の買い出しに出かけた。岩瀬さんは全部現金で買ったそうで、戦前は十二月には現金がいるものだから、京阪の古本屋は岩瀬さんが来るのを楽しみにして、そのために荷物をつくって待っていた。そんな風にするといい本が集まってくる。ただし、岩瀬さんは現金で払うかわり、何割かまけさせた（笑）。彼は商売人だから。

堀川　個人的にこういう本が好きだというのはあったんですか。

塩村　最初はないと思っていたんですよ。ところが悉皆調査をやって、少しだけ好みのあることがわかりました。まずは地図。彼は旅行好きだったのですが、自分が使った各地の地図はきれいにとってあって、それが蔵書のなかに入っている。江戸の古地図でもさまざまな年のものを大量に集めている。そういう年ごとに変化するものを、経年に集めるのも好きだったみたい。だから武鑑が一大コレクションになっている。全然硬軟を異にしますけれど、吉原細見も同様です。こういったものは一つ、二つあってもあまり意味がない。それが大量にあると、大きな流れの動態が把握できるようになる。

もうひとつは地方史です。全国各地の地誌―写本が多い―が大好きで、集中的に集めていますね。

樽見　でも何も書き残していないんですね。

塩村　それがおそろしいところです。普通は何か言いたくなるんでしょうけれども…。

樽見　古本の話をするときに、いい蔵書をつくるためには何か書いたほうがいいと常に言い続けています。書くことによって、自分の足りないところ、どんな資料が必要かがわかり、蔵書も充実していくからです。岩瀬弥助はあれだけの本を集めてないにも書いていないというのは、めずらしいですね。

塩村　ノートは結構まめにとっていた形跡があり、買って積ん読だけではなく、勉強はしているのです。もっとも、あれだけの量ですから、全部は読めなかったでしょうけれども…。

ただ、高木文庫の高木利太という、地誌のコレクターがいます。慶応の出身で、福沢諭吉と同郷の豊後中津の人で、慶応を出てから大阪毎日新聞の重役まで務めた人です。ジャーナリストで筆がたちますから、『家蔵日本地誌目録』正続二冊という優れた解題目録を自分で書いている。そのなかで一回だけ岩瀬弥助が登場します。岩瀬さんのもっているある本を写させてもらうのにとても親切にしてもらった、ところが最近亡くなった。この人が大量の古書を買い集めるようになったことについては非常に興味深い逸話があるけれども、そこまで書くと解題の域を脱してしまうからここでは略します、と書いてある。それが一番知りたいところなんですが（笑）。

堀川　京都とか大阪とか東京とか、さっきの鹿田松雲堂もそうですが、そういうグループというか蔵書家同士のつながりの中には、岩瀬弥助は入っていない、ちょっと孤立した、孤高を守る感じですね。地域的に離れていたという面もあったのでしょうが。

逸村　書物を公開するとか、後の時代に残すとか、そういうことについてどう考えていたのでしょうか。

塩村　名前を残そうという意識はあったみたいです。開館直後の新聞記事のなかで「文庫に冠せる岩瀬の名は、未来永劫消ゆるの時なかるべし」と語っています。実際そうなりました。子孫に美田として残さなかったのも明らかで、死の前年に、文庫を財団法人にするよう遺言を残しています。がんだったので、ある程度自分の死期が予測できたのでしょうね。

第二の岩瀬弥助を掘り起こそう

樽見　いまも日本には田舎にもたくさんの金持ちがいます。そういう人からお金を引っ張り出して、図書館に出してもらえばよいと思います。寄付したいという人はいる。ところが、それを説得するだけの図書館人がいない。図書館に寄付するという発想も日本人には少ない。

逸村　北欧にはそういうことの盛んな風土がある。

樽見　お金だけ出してもらって、建物にプレートをつけるだけでいいのですよ。

逸村　昔、アメリカのピッツバーグに留学していたとき、その歴史博物館ができた。あそこは石炭産業が有名ですが、オープニングに呼ばれたので行くと、驚いたのは、展示の一画、なにもないところにスポットライトだけあたっているコーナーがあった。たくさんの人がそれを見ていて、かき分けて見にいくと、ここに置きたいものは十八世紀の鉱山で使った靴だと書いてある。おそらくボロボロになるまで使うのでモノが残っていなかったのでしょう。そのころの靴があったら寄付して欲しいというメッセージなのです。こうやって展示品を集めるのかと感心しました。日本は古いものがたくさん残っているのに、市民にも博物館にもこんな風にモノを集める感覚がないですね。

塩村　それは第二の岩瀬さんを掘り起こさないといけませんね。

ツタヤ図書館問題をどう考えるか

塩村　最近大きな話題になっているツタヤ図書館。愛知県小牧市では、ツタヤと提携した新図書館建設計画は住民投票で白紙撤回になりました。

逸村　選択肢としてはありうると思う。お金がないから外部と提携せざるをえない。ツタヤ図書館では三館目となる宮城県の多賀城市立図書館は、東日本大震災で被害を受けたJR駅前にできました。人を集めないといけないので、レンタルビデオ店と書店、結婚式もできるようなレストランもつくっています。が、やはり本屋さんが考えた図書館という感じで、たとえば雑誌のバックナンバーは置いていない。それを置いておけば客は見に来るし、そうすれば新刊も売れると、私は担当者に強く言ったのですが、理解されたのかどうか…。図書館は一年や二年で評価できるものではない。五年十年かけてよくないところを修正するというのを繰り返せばいいんです。

塩村　特に地方では可能性があるということですか。

逸村　書店が図書館と組んで町の活性化につなげる、そういうテストケースです。古本屋も一緒にやったっていい。図書館を使う人はかなりの割合で本を買うのは統計的にも明らかです。問題はその受け皿でしょう。たとえば図書館側が「この本はそこの古本屋で売っています」とか言ってもいいんじゃないか。図書館が新しくきれいになって、若者や子連れの夫婦が平日でも時間があると来館するという風景には可能性がある。

樽見　図書館もいろいろで、それぞれ問題のレベルが違いますが、指定管理者制度の弊害ということで、最近こんな経験をしました。茨城県のある市立図書館に、著名な詩人のコレクションが入っている。そのコレクションのなかに私が必要だった木下夕爾《ゆうじ》の本が三冊、漢字で検索すると出てきました。ところが二冊しか見当たらない。じつはあと一冊は「きのした」ではなく「このした」でデータベースに入っていた。だから本来配架すべき場所とは別のところにあったんです。気がついたので、「直したほうがいいですよ。別にしておきますか」と職員に言ったら、「元に戻しといて下さい」という答えだった。派遣された職員には書誌データを直す権利がないのですね。

　昔と違っていまの図書館員は本当に親切で、本がないとなればいろんなところをあたって探してくれる。でも少し専門的な本については、ほとんど対応できないということがあります。

塩村　昔の図書館にはヌシのような人、何かについて聞いたら、そのことについて研究者以上の知識をもっている図書館員がいました。そういう人が少なくなるのは残念ですね。一つには職員の異動が多すぎて、あれでは腰を落ち着けて取り組めないから、気の毒です。

データベースが開く本の未来とは？

塩村　岩瀬文庫では詳細な書誌データベースを公開しています。このようなデータベースの将来性について、お聞かせ下さい。

逸村　いま国立情報学研究所が大学図書館向けに目録システムをつくっています。所蔵情報だけだと二、三年くらい前に一億件を突破しました。世間ではあまり知られていませんが、これは世界に誇るべきことです。それから、CiNiiという論文を探すためのデータベースサービスもありますね。いろんなデータベースを無理やりプログラム力でまとめてあり、

Googleの検索にも引っかかるようになっている。これなど、もっと高く評価されていいと思います。こういうインフラに対する軽視がこの社会にはある。

樽見　岩瀬文庫で塩村さんがやっているデータベースは個性的ですね。各地の図書館でこういうのができないと本当はいけないんですよ。

堀川　ぼくは岩瀬のデータベースづくりの初期のころにかかわっていたのですが、どこまでやろうかという問題があった。洋装本は除外するとして、たとえば和装だけれども印刷は活版になっている本もある。とくに岩瀬文庫にはそういう本が多くて、それをデータベースに入れるか入れないかという問題があった。でも、結果的に入れてよかったです。地誌なども明治になってからたくさん出ていたりするので、そこにかなり特色が出た。

樽見　国文学研究資料館の日本古典籍総合目録データベースは、ゆくゆくは画像をぜんぶ公開するようになるんですかね。

塩村　このプロジェクトのそもそもの発想は、日本の古書の全文テキスト化の計画だったのです。日本には古典籍がこんなに多いのに、完全に近い国語辞典がない。用例を十分に捕捉できていないからです。全文テキストのデータベースが充実したら、日本の人文学の様相ががらっと変わるような、ものすごい研究基盤になるはずです。それがいつの間にか画像に特化した計画になってしまった。

樽見　画像は画像で、価値は十分あると思う。

塩村　もちろんそうですが、両刃の剣です。たとえば岩瀬文庫の本を全部画像で公開したら、だれも西尾にまで行きませんよね。そうなると、ぼくは岩瀬さんに申し訳ない。

逸村　だから断片でいいんです。抄録と書誌データそれに部分的でも画像を出せば。フルで出す必要はない。

塩村　でも一方で、ぼく自身は画像データベースを、ものすごくよく使うんですよ。自己矛盾ですかね（笑）。

堀川　岡山に興譲館高校というところがあります。初代館長は阪谷朗廬《さかたにろうろ》という漢学者。もともと儒学の塾で始まったのですが、明治になってから洋学が重視されて、明治初期の版本がたくさんある。そこで、たとえば箕作麟祥《みつくりりんしょう》、福地源一郎といった人たちが翻訳した本をたくさん見ましたが、原本については、カタカナで書いていたり、中国経由で入ってきたものは漢字で書いてあったりして、正確な著者名などがわからない。でも国会図書館のデータベースで調べてみると、原著者名の綴りなどちゃんと書誌情報が入れてあります。

塩村　あれは岩瀬文庫の調査でも、とても助かりました。
樽見　画像は、古本屋でも役に立っています。たとえば端本《はほん》があったときに、画像データでその本がどの本の何巻かが、最終巻がなくともわかる。古書業界にとっては初期にはマイナスかもしれないけれど、いろいろなものを有効に使うためには画像化は進めてもらったほうがいいと思う。ただし、当の古書店さんたちの多くは無関心です（笑）。
塩村　正直にいうと、簡単に画像で見られるものは、古書目録に載っていても買わないことがあります。前だったら絶対買ったなという掘り出し物でも…。
樽見　でも、そのかわりに余分なほかのものを買うことはないですか。それが大事です。ここまで知ったらもっと知りたいというのがあるでしょう。本に限りはないですよ。図書館に調べたい本が全てあるかというと、絶対ないから。
塩村　古本だけで『戦争俳句と俳人たち』（トランスビュー）を書いた樽見さんが言うと、説得力ありますね（笑）。
堀川　自分で買う本は、普通にはないマニアックな本ばかりになっていって、画像で見られるものはそれでいいということにもなるかもしれない。でも、同じ版本でも版の違いだけでなくて、誰が旧蔵者か調べたり、書き入れを見たい場合、その本しかない。それがおもしろくて買うということもあるでしょう。
塩村　ある程度古書や古典籍をさわった人なら、画像を見れば感じがわかる。だけど、最初から画像でこの世界に入るのはちょっとどうだろう。全然違うものを見ている可能性がある。
樽見　デジタルで得られるものは「情報」です。古本で買うのは「モノ」。手で持って手触りがあり、重量感がある。そういう意識は大切だと思う。
塩村　岩瀬文庫の学芸員から聞いた話。研究者じゃない一般のお客さんが、たとえば一九の『膝栗毛』の版本を手にすると、皆さん、へぇーという顔をされるそうです。しかも手擦れで汚れている様を見て、この本がよく読まれたことを感じ、愛おしそうに手にとってくれると。古書に直接触れると、「日本人も捨てたものじゃない」という実感、変なナショナリズムじゃなく、日本に本来あった根っこみたいなものを感ずることが出来るという。これはアニマルセラピーならぬ古書セラピーですね（笑）。

（二〇一六年八月四日　慶応義塾大学「社中交歓萬來舍」で収録）

【古典籍豆知識③】

版本と写本

日本の古典籍を大きく分類するならば、まず版本と写本の別となる。日本の出版は八世紀後半の百万塔陀羅尼以来の長い歴史があるが、商業出版が本格化したのは、江戸時代の初期の寛永年間（一六二四〜四四）と見てよく、それ以降は本格的な出版の時代となる。一方、現存する古典籍の大部分は江戸時代に出来たものだ。そうすると、現存する古典籍の多くは版本かと思いきや、実はそうではない。

まんべんなく古書を集めた岩瀬文庫について書誌データベースを参照すると、漢籍や近代の和装活版書を除いた、いわゆる和本は一万六千点余あり、そのうち版本は八千点余、写本は八千点余と、点数（タイトル数）ではきれいに拮抗していた。もっとも岩瀬文庫は重複本をかなり厳密に排除しているので、版本にとって少なめの数字となっている可能性があるものの、これを全般的な傾向と見て、さほど誤らないだろう。つまり、江戸時代には版本と写本とがほぼ同数、並行して流通しており、このことが当時の書物文化を最も特徴付けている。

江戸時代には出版に際して検閲制度があり、時として死刑を含む筆禍事件さえあった。ただし、印象的には戦前期の取り締まりの方がよほど厳しく、たとえば江戸期を通して春画や春本の類はほとんど普通に流布していた。それでも、当世の事件や政治、徳川家の歴史、キリスト教などにかかわる話題は基本的に版本では扱いにくかった。しかしながら、写本では自由に流通しており、上記のような話題についても情報を得ることは、それほど難しくはなかった。

また、入手しにくい書物は基本的に書写したし、日々の見聞や読書抄録を雑記随筆に書き残す者も多かった。各地の地誌（地域の風土や歴史、自然などを総合的に記した書）など、大部分で経費的に版本になりにくい分野の書物もせっせと編まれた。版本と写本の二重構造が江戸時代の書物文化を豊かにしたのである。

近代以降、書物作りは専門家にゆだねられてゆくことになる。それは文化的に望ましい状況ではないし、また社会に深刻なダメージを与える言論統制を容易にもする。が、最近になって一種の写本文化が復活した。ネットによる個人の情報発信だ。これが書物のように時代を超える永続性を獲得するならば、文化の質を変えてゆく可能性がある。

岩瀬弥助の読書ノート

岩瀬弥助自身の書き残した文章がほとんど残されていない中、自筆の読書ノートが一冊だけ現存する。博文館刊行の大正十四年用当用日記をノートに流用したもので、約二百二十ページにわたり書き込まれる。弥助五十九歳の大正十四年三月頃に始まり、その四年後で死の前年に当たる昭和四年五月頃までの筆記を収める。晩年の弥助は、須田町の自宅から人力車で文庫に通い、終日文庫で過ごすことが多かったと伝えられている。そのような読書三昧の日々の所産と思われる、このノートを通して、読書家としての弥助の横顔をうかがってみたい。

まず目に付くのは、地誌である。岩瀬文庫は地誌に特に力を入れて集めており、江戸期のもののみならず、明治の後半頃から各地で盛んに編纂刊行されるようになる郡誌や市町村誌などをも熱心に集めている。ノートを見ると、たとえば『大分市史』『与謝郡志』『下高井郡誌』『養老郡誌』『夷隅郡志』など、弥助は遠く離れた土地を含めて、それらをよく読んでおり、地誌蒐集は弥助の意思だったことがはっきりとわかる。

どんな記事を拾っているかというと、「京都ノ風、途上放尿甚シ。臭穢ヲ極ム。鯖江侯詮勝、天保年間京都所司代ノ時、辻便所ヲ設ク。濫觴也」(『鯖江誌』)、「町筋大通の裏手に南北ニ縦貫セル細キ路次を今もヒマへ通と称す。旧時月経婦人ハ此路次ヲ通行し決しテ大通ヲ通行セズ」(『紀伊南牟婁郡誌』)、

「文久三年三月日本国中御大名様方御姫様御下り相成、江戸不景気の唱」（『栗原郡藤里村誌』）などだ。

　また、地誌とともに、文庫で手厚く集めている紀行類からは、たとえば「昔ハ住家ノ数ニ応ジ、其住人一定ノ数ヲ定メ、一二男一二女以上ハ公然殺（出生直ニ）セシナリ。然レドモ、親子ノ情トシテ陰ニ養育セシ故、人員増加シタリ。終ニ村内協議シテ内地へ移住セシムル事トシ、白金台町ニハ其移住人五十余戸アリ」（明治七年に成った原写本『八丈島旅行見聞日記』）などを引いている。このように、江戸時代の風俗や制度について関心が高かったらしい。

　考えてみると、風俗や制度というのは、その土地、その時代に生きている人々にとっては日常で、人は日常について書物に書き残すことが少ない。その中にあって、それらを項目に含む地誌や、他国者のまなざしで土地固有の状況を見る紀行類は、そういった日常を記述する稀有な資料群なのだった。古書を読む醍醐味の一つは、文献の中に隠れた古民俗を見つけることにあり、弥助はその喜びを知る読み手だったらしい。

　ほかに江戸期の髪結いについての記述を諸書より抄録して集めている。かつての髪結いは神仏的世界と人間世界の境界にかかわる職業の一つだが、弥助は床髪結いと抱え髪結い（廻り髪結い）の別、抱え髪結いが祝儀不祝儀に金品を貰う存在だったこと、床髪結いが橋のたもとに多かったこと、床髪結いが牢番に出たことなどについて記している。この記事の引き方は髪結いの境界性に興味があったようにも見受けられる。

　食についても関心が高かったらしく、文庫に料理本の多いことが思い合わされる。中でもさまざまな鮨について、熱心に記事を集めている。抄録した書は『商人尽狂歌合』、寛文版『料理献立集』、『令義解』、『嬉遊笑覧』、『群蝶画英』、『山陰落栗』等々で、ほかに『岐阜県益田郡誌』から朴葉鮨、『近江栗太郡志』から鰌鮨《どじょう》の記事を拾い出している。さらに同時代の『山鳩』という雑誌より北海道カミヲコッペ駅・新得駅の駅弁「やまべずし」を引いているのは、旅行の際に試そうとしたのだろうか。弥助にもう少し寿命が与えられていたならば、膨大な蔵書と実地踏査により貴重な鮨文献に結実した可能性がある。

　書物や読書にかかわる抄録が散見できるのも弥助

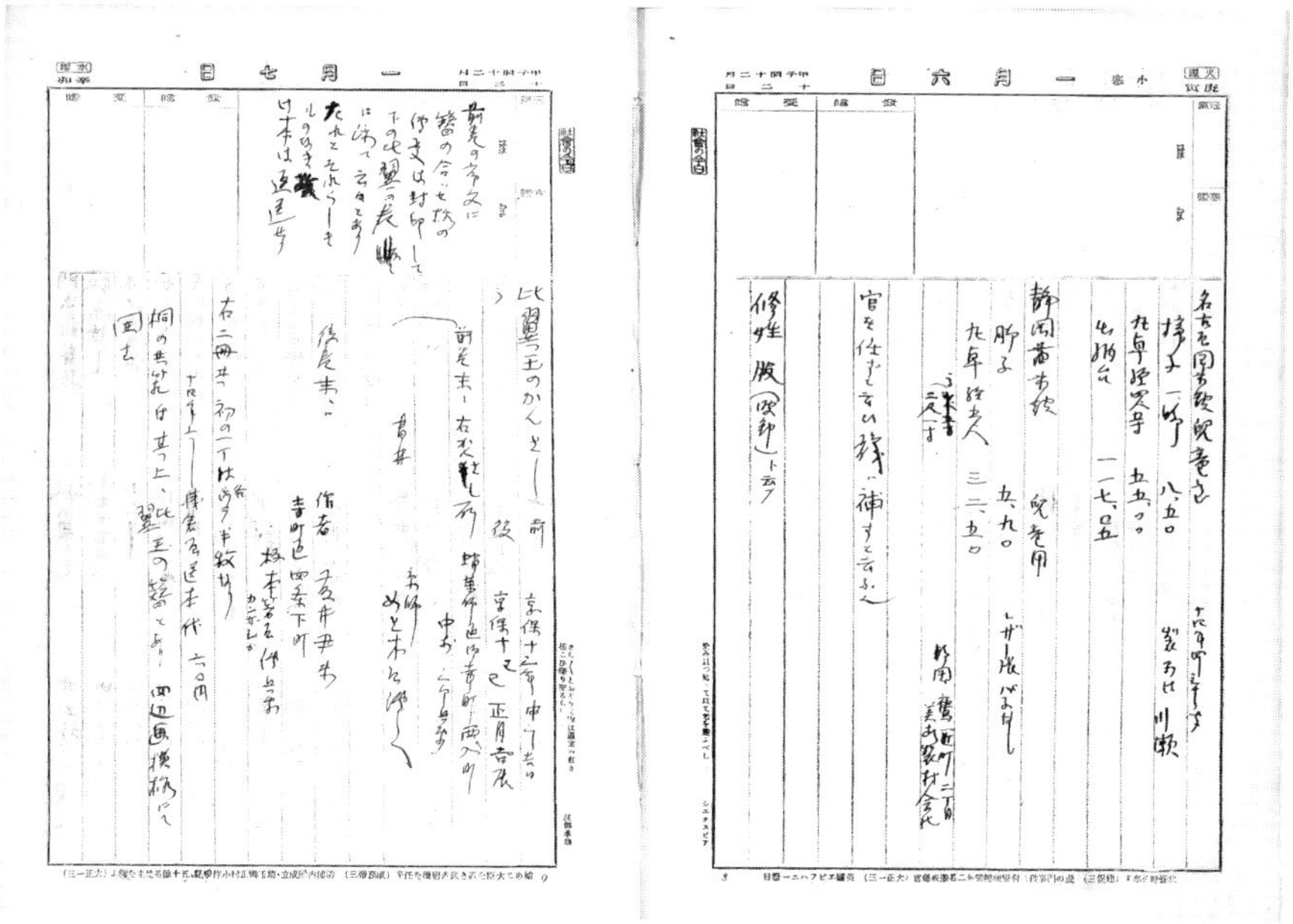

岩瀬弥助の読書ノート

らしい。たとえば、『〈三河挙母〉七州城沿革小史続篇』からは、挙母（現・豊田市）の旧家永田家の永田文庫の記事を引く。二万五千余部もの蔵書を誇ったが、当代の先代の時に破産し、散逸したという。また、本居宣長の「をりをりはあそぶいとまはある人のいとまなしとてふみよまぬ哉」と田安宗武の「書《ふみ》よまであそびわたるは網の中に集まる魚のたのしむがごと」の歌（出典書不明）や、「日本図書館協会選標語集」として「最大なる国も一箇の図書館よりも小なり」「読まずんば死せよ」など十二条を引いているのは図書館人としての心覚えだろう。

　業者が送本してきたものの、売価が高すぎるとして返品した本についても、ちゃっかり覚書を残している。それは、田中正幅編『伊保《いぼ》堂《どう》村古墳考』（明治十九年頃、現・豊田市の同村で発掘した古墳の記録の原写本）、享保十三年版本『比翼玉のかんざし』、『雲谷公印譜』（三河吉田藩第五代藩主松平信宝《のぶたか》の所用印の印譜）である。何れも現在所在の知られない稀書ばかりで、弥助が買い上げてくれなかったことは残念だが、それぞれ丁寧に内容や書誌を記述してくれており、参考になる（図版の左ページ参照、『比翼玉のかんざし』の書誌を記す)。

文庫ゆかりの貴志孫太夫(22ページ参照)の伝記について調べようとしていたらしく、孫太夫の子の大隅守は徳川公爵の家職(執事)であったこと、曽孫の乙雄は会社員で東京市白金三光町に在住すること、静岡県安倍郡千代田村の長源院に孫太夫の墓があること、法名は智照院清岳朝暾居士であることなど、これまで知られていない重要な情報を書き残している。弥助は優秀な調べ手でもあった。

まとまった記事としては、須田の薬師堂(現・薬師寺)で行われた年中行事、千体仏の供養会について、大正十五年より昭和四年にかけて、西尾で発刊された地方新聞「尾三新聞」より五回分の記事の全文を引いている(尾三新聞は伝存が稀少なので紙面は未確認)。これは弥助の自宅のすぐ近所の出来事なので特に興味を持ち、書写したのだろうと思っていると、ノートを数度通覧して、そうではないことにふと気づいた。たとえば、新聞記事の一つでは美濃国恵那郡加子母村の法禅寺と、上野国中之条町の林昌寺の千体仏に言及するが、ノートの別の箇所に、前者については『神仏分離史料』より、後者については『中之条町郷土誌』より、それぞれ記事を抄録していた。これは偶然ではあり得ない。つまり、これらの記事は弥助が執筆し、新聞に投稿したものに違いない。全国にある千体仏の歴史や由来について、よく諸書を博捜して考証している。

中でも最初の記事、大正十五年三月十七日付の「西尾町須田の薬師堂千体仏の供養」では、薬師堂の本尊薬師如来の開帳に集まった人々のうち、古老株のお爺さんが「鼻うごめかし、鹿爪《しかつめ》らしゅう」語る話から始まる物語風の語り口で、滑稽味さえあり、弥助の書き手としての能力の高さを示している。

なお、弥助が諧謔趣味の持ち主であったらしいことは、ノートにある『幡豆郡知名鑑』(大正十四年刊、地元愛知県幡豆郡の名士録で、人物寸評と肖像写真を載せる)の記事からもわかる。そこで弥助は「各伝中、中々の文字、中々多し。勘定するも中々の骨折なり」として、「中々の文字合計一三八句、登載人員二〇三名、〇・六八人ニ付一句」と同書の人物評伝中に多用する「中々」の表現を数えてからかっている。

【古典籍豆知識④】

くずし字を読む

現代日本の書物文化の弱点となっているのが、くずし字問題、つまり明治以降、文字の表記の制度が大きく変化したために、昔の書物や文書が多くの人々にとって読みにくくなってしまったことだ。わずか百年、二百年前の自国の普通の本を、高等教育を受けた国民が読めない国というのは、世界でも少ないのではないか。

そのような状況にあって、くずし字を読みたいという人も多く、岩瀬文庫でも定期的に講座が開かれており、毎回盛況だ。名古屋大学では、初めてくずし字に触れる学生に、おおよそ以下のようなことを伝えている。

まず参考書は①『くずし字解読辞典』（東京堂出版）と②『草書の字典』（講談社学術文庫、『草書大字典』の復刻）、③『五体字類』（西東書房）があり、本格的に取り組みたいのならば、この三点は揃えた方がよい。①②は運筆から引き、③は部首別。草書には和様《わよう》（日本風）と唐《から》様《よう》（中国風）とがあるが、①は和様や文書類、②③は唐様の参考になる。

次に何を読むかだが、もちろん岩瀬文庫に来てもらえれば、材料は無尽蔵だ。また近年各所で、古典籍の画像データの公開が急速に進んでおり、よりどりみどりの状態なので、そちらの利用をも勧めたい。公開資料数の豊富なのは国文学研究資料館、国会図書館、早稲田大学図書館などだ。それらの中から自分の好きな分野の書物を一冊選び（最初は江戸時代前期の版本がよい）、ワープロソフトでも、原稿用紙に手書きでもかまわないので、翻字（通常の文字に起こすこと）してゆく。読めない文字は空けておき、ともかく前へ進む。それを何度か繰り返して、薄い本を一冊、翻字できたら、基礎は修得しているはずだ。

一つだけ注意すべきことがある。現代人は初等教育以来、文字をかたちで読む癖が付いている。これを早く脱却して、江戸時代人のように運筆、つまり筆の動く順番で読む癖を付けることである。文字のかたちは人によりさまざまだが、運筆は決まっているからだ。

版本や写本がある程度読めるようになったら、次は江戸時代の文人たちの書簡に進みたい。ありがたいことに、早大図書館で上質の書簡資料が大量に公開されている。こんな面白いものを読まずにおく手はなく、ほんものの江戸時代の世界がそこから広がるだろう。

岩瀬弥助　ゆかりの地をめぐる

1 須田町《すだちょう》 ◉名鉄西尾駅から西へ徒歩 10 分

須田町は、西尾城下町のなかでも最初につくられた町と伝えられ、有力な御用達商が軒を並べていた。明治時代には金物商の辻家、肥料商の岩瀬家、鳥居家などが大店を構え、大いに繁盛した。現在は、道路拡幅によって商店は少なくなったが、あちらこちらに古い建物が残り、往時の面影を感じることができる。

昭和 10 年代の岩瀬邸の写真。左奥、電信柱の向こうにある白い洋風建築の油勘《あぶかん》商店は現在も健在（下写真）。

最近は珍しくなった丸い鋳物製ポスト。西尾名産の抹茶をイメージしたあざやかな緑色。

現在、岩瀬弥助の屋敷跡は駐車場となり、一角に「岩瀬弥助邸跡」の記念碑が立っている。

2 浄賢寺《じょうげんじ》 ◉西尾市須田町45　浄土真宗大谷派

西尾城内にあった西光坊が天正18年(1588)に三の丸増築の際に現地へ移ったと伝えられる。須田の御用達商らの菩提寺であり、墓地には岩瀬家の墓石もある。
岩瀬文庫が所蔵する『阿字録』の貼紙によれば、大正7年に弥助が母の願いによって書院を再建したが、母はその完成を見ずに亡くなったという。こうした篤い信心へのお返しだろうか、同寺住職佐々木浚諦から岩瀬文庫へ真宗関連の本が多く寄贈されている。

岩瀬家の墓石。「天保十一庚子年(1840)七月」「須田町　山本屋弥助」と刻まれている。初代弥助が亡くなったのは天保2年なので、二代目弥助が建てたものか。

須田町から吾妻町へ抜ける細い路地。弥助が自宅から西尾鉄道本社へ通う近道のために拓いたと伝えられる。確かに江戸時代の絵図にはこの道はない。

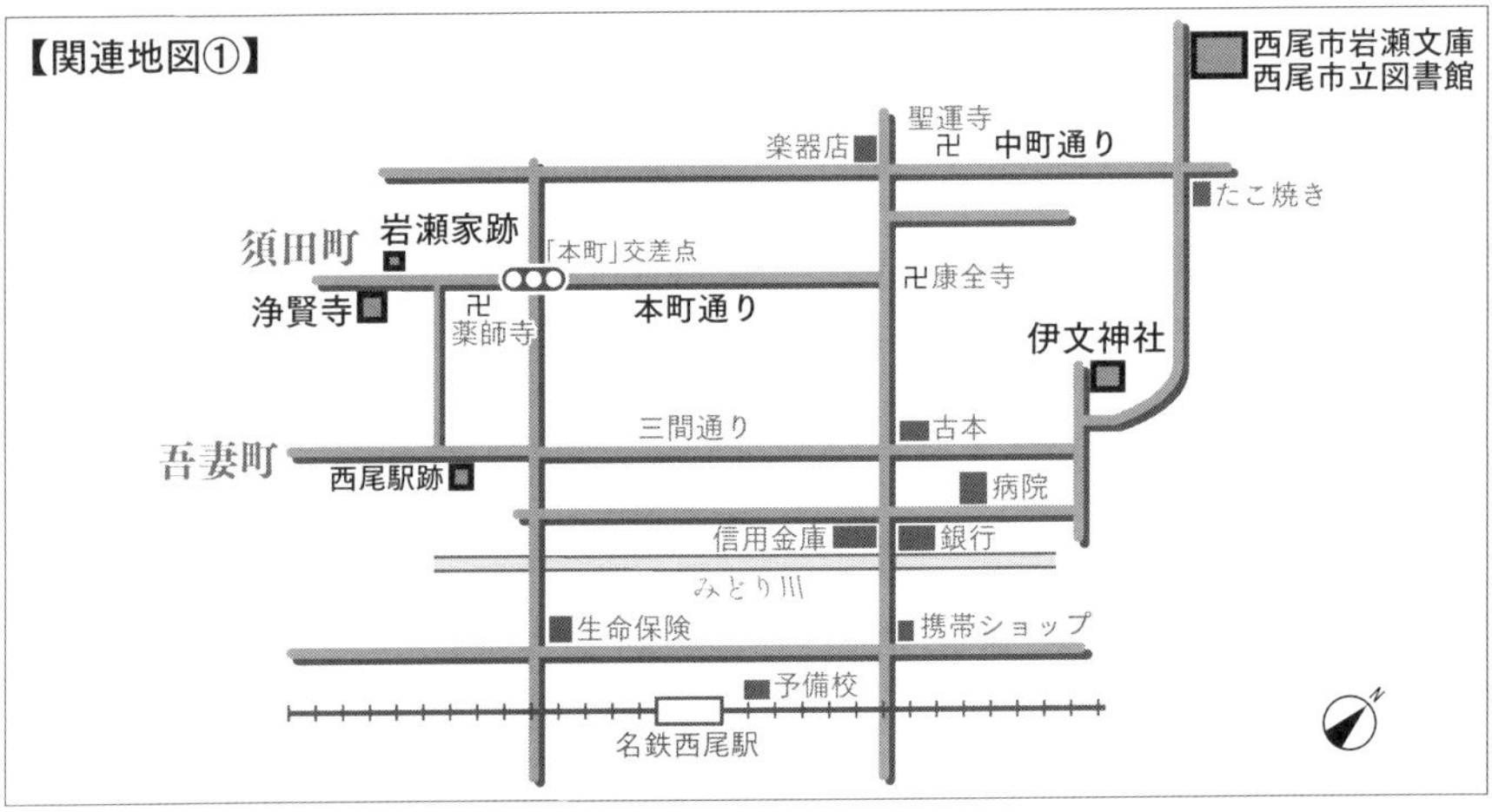

3 西尾《にしお》鉄道西尾駅跡 ◉吾妻《あづま》町

明治44年、須田町の東隣りの吾妻町に岩瀬弥助が初代社長をつとめた西尾鉄道株式会社の本社と西尾駅がつくられた。昭和3年、鉄道の電化によって駅は移転し、かつての駅前広場は貸駐車場となったが、辺りにはどことなく昔懐かしい商店街の雰囲気が残る。

大正13年に完成したモダンな二代目西尾駅。鉄道が移転した後は警察署として使用された。

4 伊文《いぶん》神社 ◉西尾市伊文町17

平安時代に文徳天皇の皇子八条院が三河国渥美郡伊川津から西尾へ移るのに随い、当地へ遷座したと伝える。西尾城下の産土神《うぶすながみ》として歴代城主や町人の信仰を集め、毎年7月下旬に開催される祇園祭は、現在も西尾の夏の風物詩である。

広い境内には、西尾の商人らが飢饉時の困窮民救済のための備蓄米を納めた義倉蔵《ぎそうぐら》（左下）や岩瀬弥助が奉納した巨大な石灯籠（下）がある。

5 寺津八幡社《てらづはちまんしゃ》 ◉西尾市寺津町西市場

西尾市街から南西へ約5㎞の郊外にある寺津は古くから湊町として栄えた土地。「寺が多い津(港)」が地名の由来との説もある。八幡社は、鎌倉時代に大河内顕綱《おおこうちあきつな》が創立したと伝えられ、寺津城主大河内氏（のちの大河内松平氏）に篤く信仰された。近代には県社に列せられている。江戸時代後期の神主であり、国学者・歌人でもあった渡辺政香《わたなべまさか》は、境内に文庫「八幡書庫《はちまんしょこ》」をつくり、その蔵書を公開した（26ページ参照）。岩瀬家のルーツは寺津の隣、巨海村と伝承されている。

社殿前に建つ
渡辺政香顕彰碑

国道247号線を挟んで八幡社に隣接する妙光寺の本堂裏の墓地には渡辺政香の墓石がある。

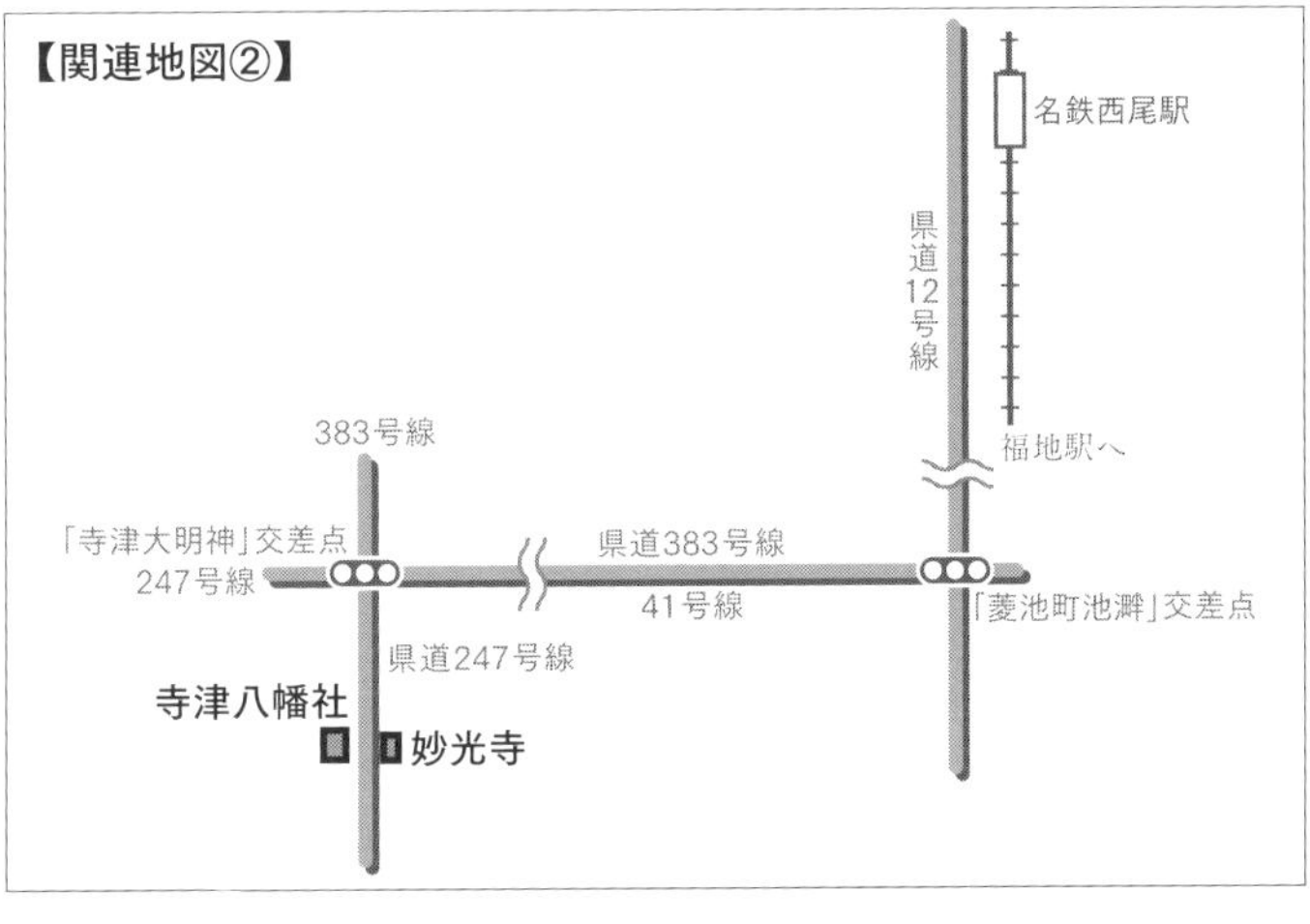

【古典籍豆知識⑤】
書誌学

書物そのものを扱う学問のことだ。これは英語のbibliographyを直訳した翻訳語だが、うまくその学問の本質を突いており、図書学や書物学などより、むしろ適切な名だと思う。書誌学とは、その書物を直接手に取れない人が、その書物について適切に把握できるよう、いかに記述すればよいかを考える学問だからである。

書物とは複製物であることが多く、特に古典は原典の残っていることが稀れだ。現存するさまざまな本の間にある微妙な差異に、書物を解き明かす鍵が潜んでいる。つまり書物の研究とは比較研究である。ところが、書物は各地に散在するのが常で、直接突き合わせて比べられないため、比較の手がかりとなる書誌記述が必要なのである。

ところで、この数年、古典籍の画像データベースが急速に発展し、完全に実用の段階に入った。書物を直接突き合わせるのに準ずるような、精度の高い比較が容易にできるようになりつつある。それは日本の人文学を間違いなく改善するだろう。ただし、一方で書誌を調査したり記述したりする技術が軽視される契機にならぬかと少しだけ心配でもある。

画像データベースではわからぬこともある。たとえば、初めて見る本を調べる場合、まず本を手にして側面を見る。複数の冊数の場合、微妙に本の大きさが違っていたり、側面の色あいが違っていたりすると、取り合わせ本（別々のセットの本を合わせて、欠本を完全にした本のこと）であることがすぐさまわかるからだ。

一冊本でも人造人間のように残欠本をつぎはぎにした例があり、それは紙をめくる手触りの違いや版面の墨付きの微妙な変化から気づくことができる。そして側面の色あいや綴じ穴の状況を子細に見ると、細工の跡が判明する。取り合わせ本であることに気づかぬまま書物を取り扱うと、大きな間違いをしでかすことになる。

たとえば以上のような、書物を直接手に取った者でないと気づきにくいような情報を含む、詳細な書誌記述を備えた書誌データベースが、多くの文庫や図書館で整備されることが望ましい。それこそが、新たな古書の活用に繋がる筈だ。そして画像データベースは、何よりも書誌データベース作りを助ける強力な武器であることを、岩瀬文庫の悉皆調査で身をもって体験した。

昭和13年頃、財団法人時代の岩瀬文庫（文庫発行の絵はがきより）。増築されたレンガの書庫や果樹の植えられた庭園、右手に猿舎が見える。

閲覧室。奥のカウンターには司書の高木習吉が立っている。

児童文庫。木造平屋建、瓦葺。白い下見板張の外壁とハーフティンバー風の妻飾りが特徴的な洋風建築。現在は国の登録有形文化財。

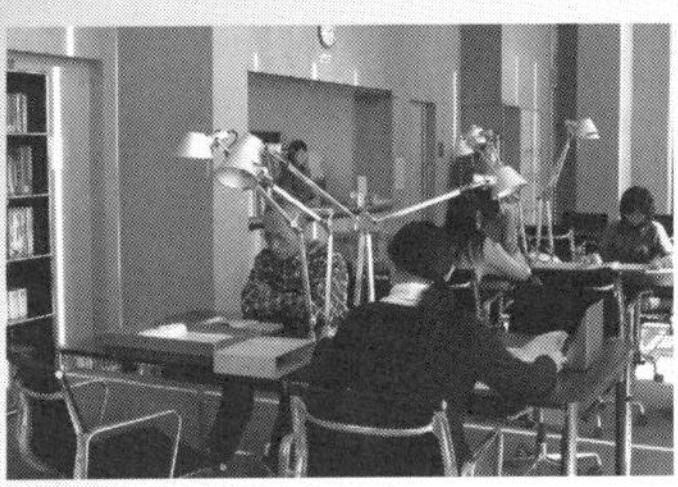

（左上）現在の岩瀬文庫（右上）閲覧室
（左下）展示室（右下）市立図書館おもちゃ館（旧児童文庫）

岩瀬文庫の今昔

私立図書館時代の岩瀬文庫（明治 43 年『愛知県写真帖』より）。本館は木造平屋建、建坪 145 坪。正面玄関の前に置かれた大砲は、日露戦争の戦勝記念として配られたものだろうか。戦争で物資不足となった昭和 18 年に、他の金属の備品とともに供出された。

増築された二代目書庫（左）と池の上にせり出した貴賓室（右）。書庫は地上三階地下一階、レンガ造と木造の混構造。表面は常滑産の素焼きタイル貼り。現在は国の登録有形文化財となっている。貴賓室は館長室としても使用され、晩年の岩瀬弥助はここで図書の整理に没頭した。

岩瀬文庫の蔵書印

銀製。愛らしい兎形の印鈕は、弥助が卯年生まれであったためという。

岩瀬文庫公開記念の盃

明治 41 年の岩瀬文庫公開式で使用された盃。岩瀬文庫の紋章入り。

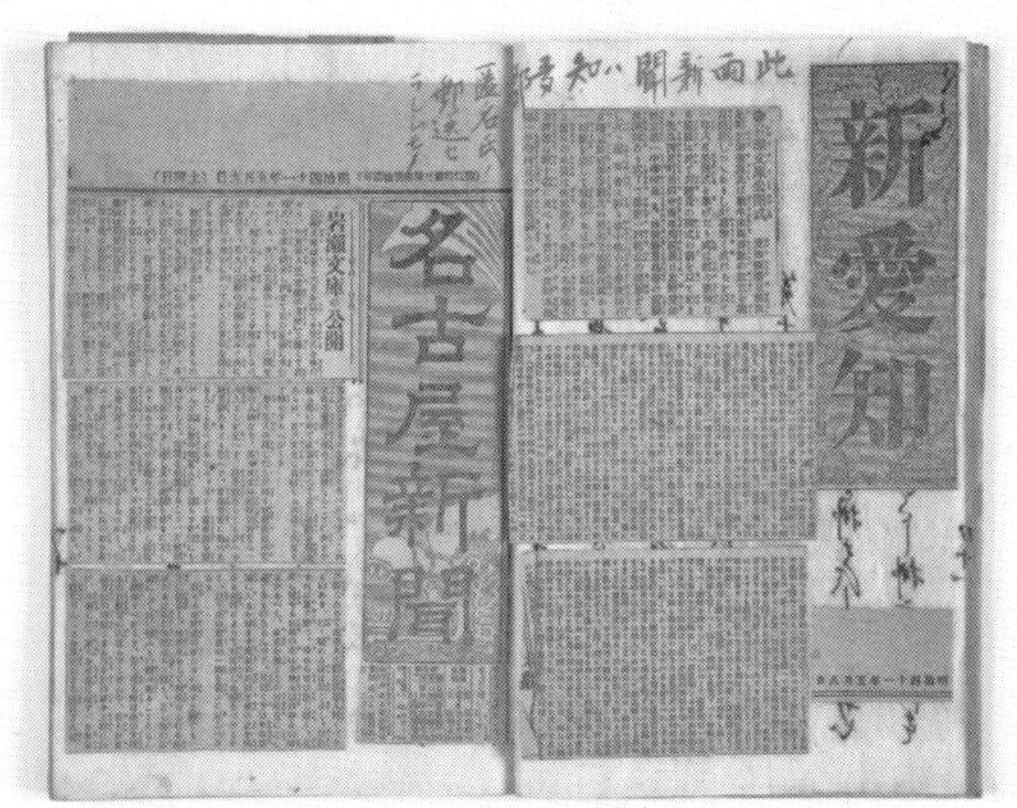

岩瀬文庫開館に関する新聞記事の切抜帖

明治 39 年 12 月の弥助の文庫設立構想を報じるものから文庫開館を報じるものまで 17 の記事を弥助自身が貼り集めたもの。文庫開設について多くは語らない弥助も、これらの記事を特別の感慨を以て眺めたことであろう。反故紙の裏を台紙にしているところも弥助らしい。

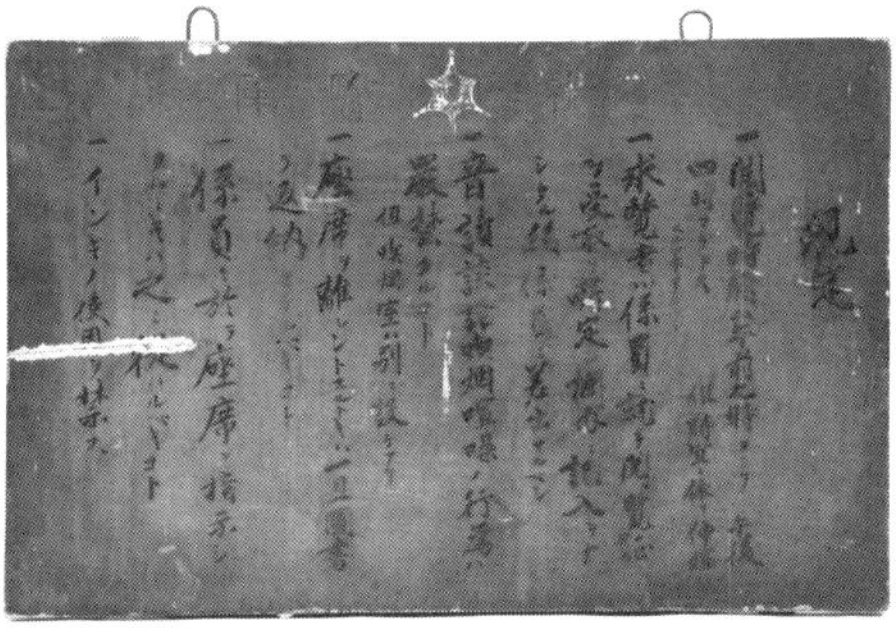

岩瀬文庫閲覧規則

閲覧室に掲示されていたもの。閲覧時間は午前 9 時より午後 4 時、席を離れる際は本を一旦返納すること、インクの使用禁止など、現在とほぼ変わらない。

思い出の品々

トランク（個人蔵）

旅行好きな弥助が愛用したトランク。台湾の嘉義ホテルのラベルが貼られている。

印箱

蔵書印や財団理事長印、図書目録やカード作成の際に使用された分類印や検印が収められている。

たばこ盆　岩瀬文庫の紋章入り。

来館者の名刺帳

戦前より終戦直後にかけての財団法人時代のもの。高名な研究者や古書店主の名刺も多い。

朝鮮で買った革製の箱

朝鮮や琉球、台湾旅行で購入した玩具や茶器

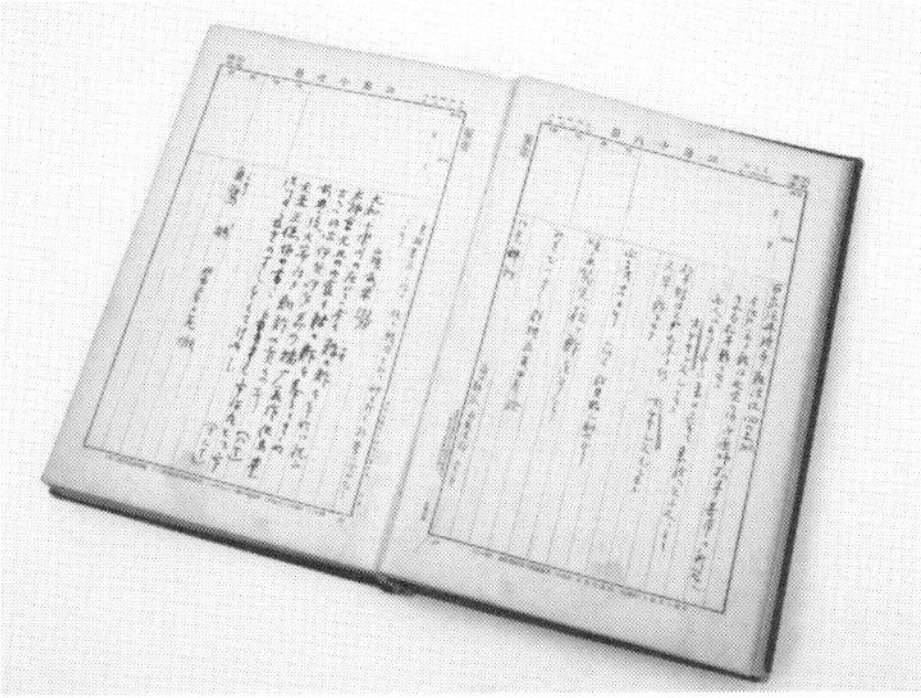

当用日記

大正14年用、博文館発行の当用日記を、弥助の読書ノートとして使用したもの。晩年の弥助は、毎日人力車で文庫へ通い、読書を楽しんだという。掲出の箇所は、さまざまな蔵書から得た鮓(すし)にまつわる知識のメモ。

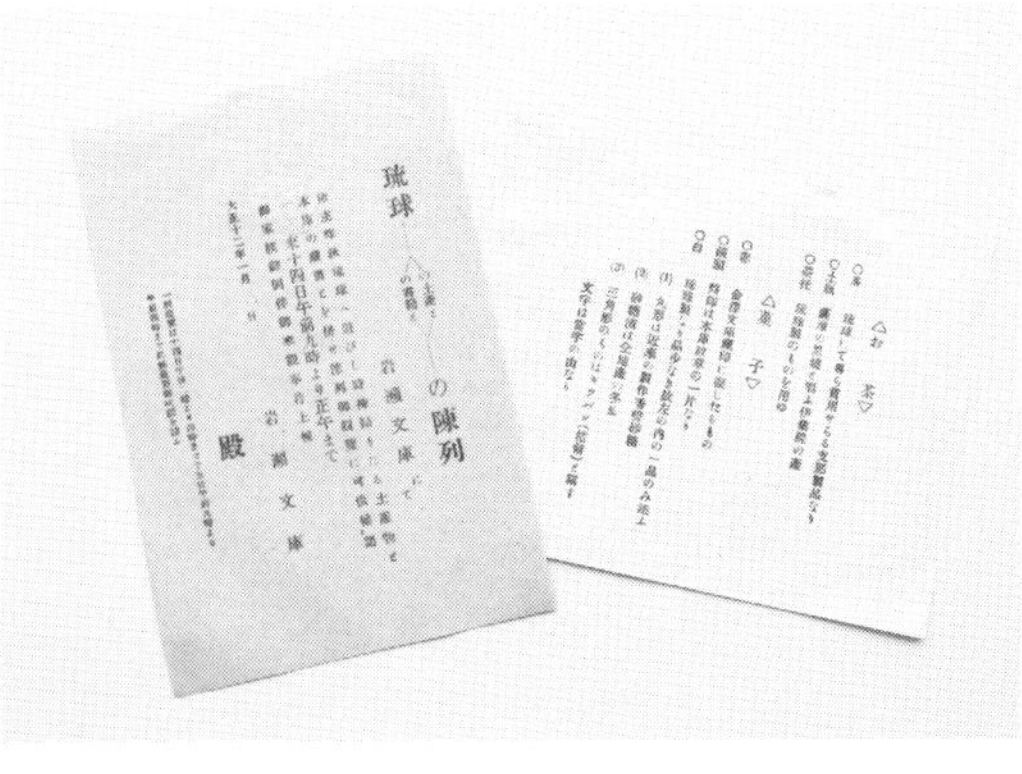

琉球土産と書籍の陳列会の招待状、呈茶と菓子の説明書

大正12年1月14日・15日。弥助は、しばしば文庫で旅行の土産品と関連の文庫蔵書の展示会を開催した。琉球で購入した中国茶や菓子、文庫の紋章をかたどった饅頭もふるまわれた。

思い出の品々

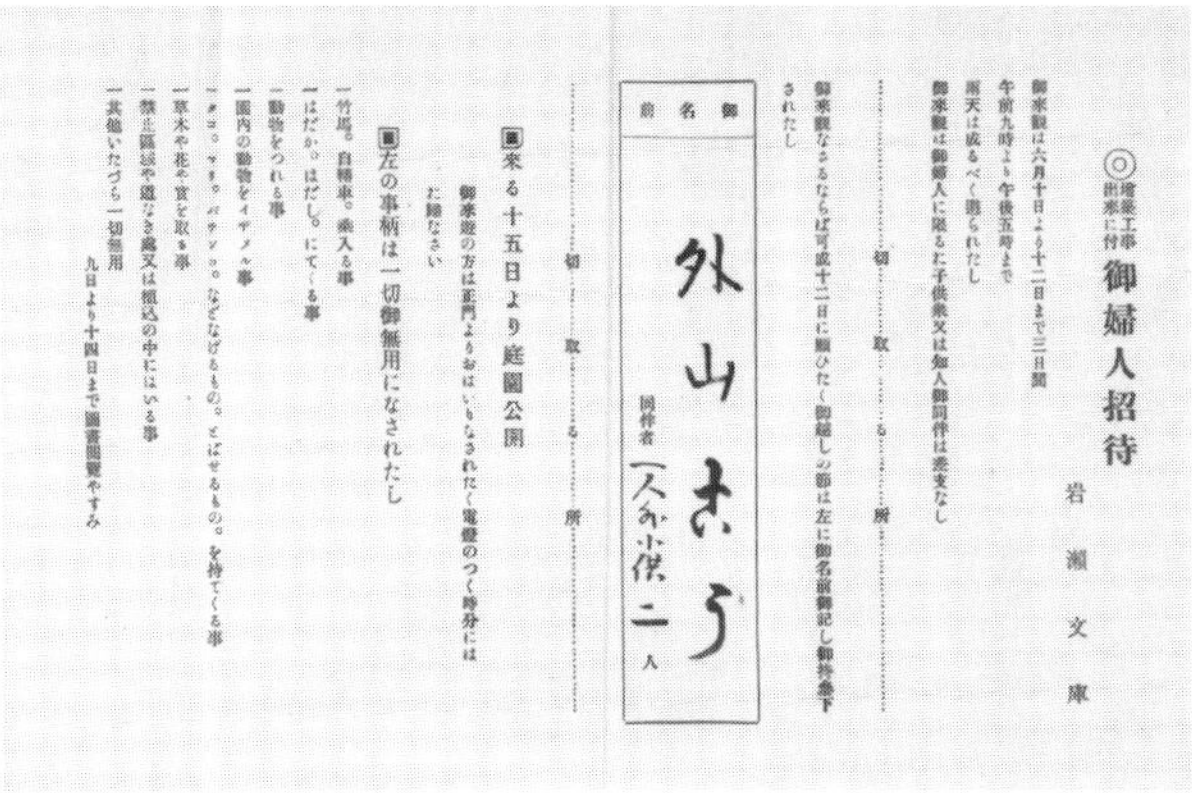

◎増築工事出來に付 御婦人招待　岩瀬文庫

御來觀は六月十日より十二日まで三日間
午前九時より午後五時まで
雨天は成るべく避られたし
御來觀は御婦人に限るも子供衆又は知人御同伴は差支なし

切　取　る　所

御來觀なさるならば可成十二日に願ひたく御越しの節は左に御名前御記し御持參下されたし

御名前　外山まう
同伴者　一人わ小供　二人

切　取　る　所

■來る十五日より庭園公開
御來遊の方は正門よりおはいりなされたく電燈のつく時分にはお歸りなさい

■左の事柄は一切御無用になされたし
一竹馬。自轉車。乘入る事
一はだか。はだし。にてくる事
一動物をつれる事
一園内の動物をイヂメル事
一メンコ。ヤキウ。パチンコ。などなげるもの。とばせるもの。を持てくる事
一草木や花や實を取る事
一禁止區域や道なき處又は植込の中にはいる事
一其他いたづら一切無用
九日より十四日まで圖書閲覧やすみ

増築施設内覧会の婦人用招待状

大正 10 年、増築した文庫の施設と庭園を公開し、女性や子供たちを招待した。「電灯のつく時分にはお帰りなさい」とある。

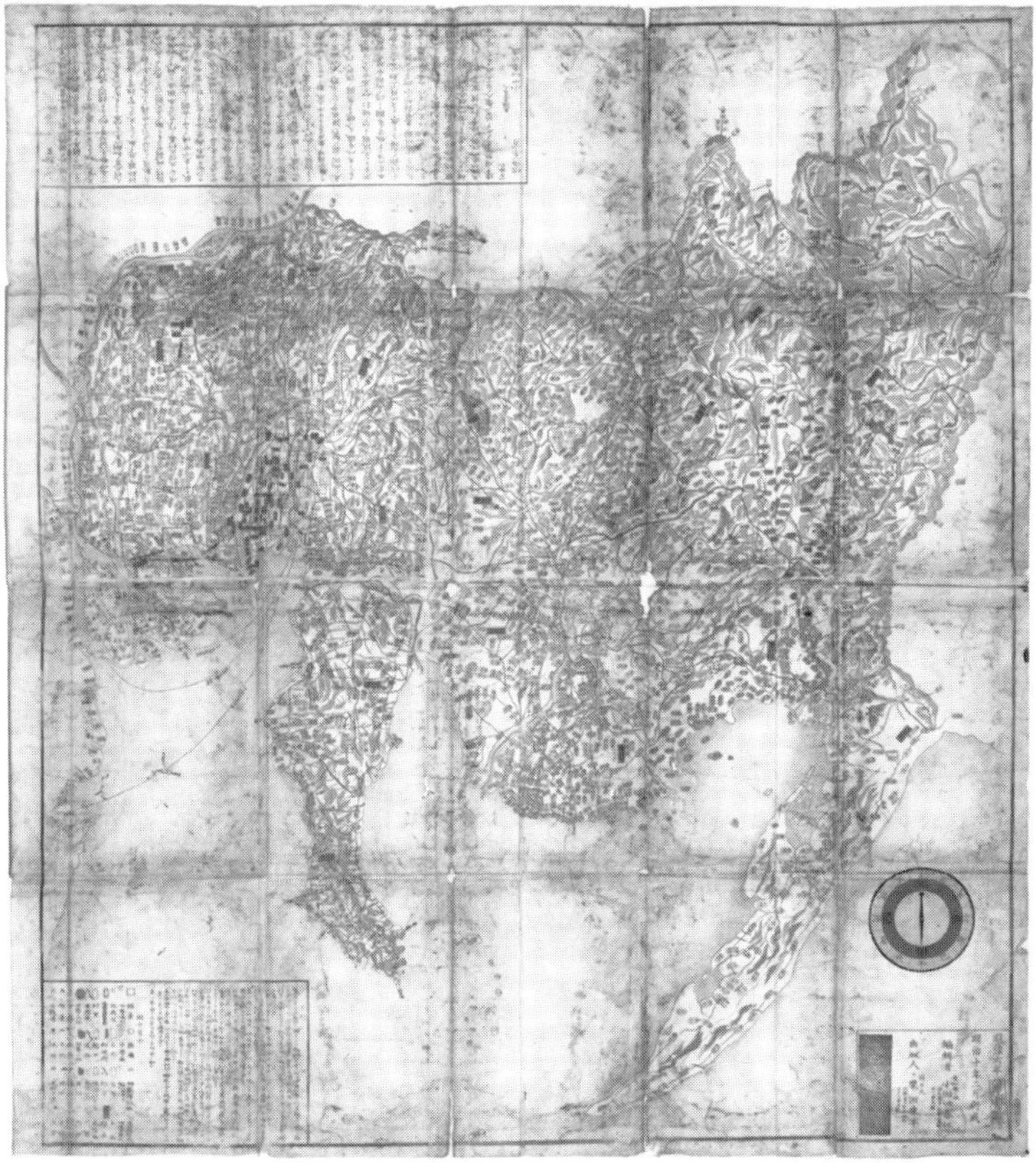

『愛知県地図』

岩瀬文庫図書目録に「当文庫創立者岩瀬弥助幼時愛蔵ノモノ」とある。

弥助没後の危機と文庫存続運動

昭和五年一月五日に岩瀬弥助が亡くなると、その遺言に従い翌年岩瀬文庫は財団法人となった。

「財団法人岩瀬文庫規則」（「財団法人岩瀬文庫設立寄付行為」より）には、財団の目的として、「既設在来の岩瀬文庫の所蔵図書は勿論、汎く一般図書を蒐集して社会公衆に公開し、知識啓発に資すること」と記され、基本金として横浜正金銀行の株式四百四十株（一株百円）が岩瀬家から寄付され、その運用益で運営されることが定められた。また一方で、「財団資産の収入が減少して経営を維持することが困難となった場合」や、「岩瀬弥助家およびその子孫が衰退し、救助の必要が生じた場合」は財団を解散し、資産を救済のために使うことも記されていた。

財団理事長には弥助の長男である真一郎（弥助を襲名）が就任し、これまでどおり蔵書の収集や公開など図書館としての基本活動を着実に続けていった。

しかし、昭和十二年に日中戦争が勃発すると、財団基本金などを国防献金として拠出、太平洋戦争で物資不足となった十七年には文庫の門扉やシャンデリア、窓格子、扉の引手など、あらゆる金属備品が供出された。こうした戦時下でも月数日の開館を続け、日に数人の来館者もあったものの、二十年一月十三日の三河地震で本館をはじめ多くの建物が大破してしまう。頑丈に造られた書庫は倒壊には至らなかったが、書架が倒れて本が散乱し、長期休館を余儀なくされた。

倒壊した本館などの建材を売却し、終戦後の九月には児童文庫を事務所兼閲覧室として、再び開館することができた。しかし、その年の末に司書の高木習吉が亡くなる。地震後の復旧のため、極寒の書庫で連日作業を続けたことが原因と伝えられる。弥助時代から文庫を支え続けた高木を失ったことは大きな痛手となった。

一方、終戦後の社会変化は文庫を守り続けてきた岩瀬家へ大きな経済的苦難を与えた。真一郎の時代に肥料商を廃業し、小作地経営と株式投資に軸足を移していた岩瀬家は、農地改革によって莫大な小作地収入を失い、南満洲鉄道など外地の基幹産業へ投資した株券は紙屑と化した。文庫の再建などは望むべくもなかったが、それでも細々と開館は続けられた。

　こうしたなか、二十二年十月五日の『三河新聞』に「経営難の岩瀬文庫　蔵書買収の申し込みあり　西尾の文化財を手放すな」という記事が掲載され、文庫の窮状が明らかとなる。すると翌年二月には柴田実・鳥居清吉・米津豊治ら地元文化人を発起人とする「岩瀬文庫後援会」の設立運動が開始された。

　しかし、二十四年三月に岩瀬真一郎が死去。相続税に苦慮した岩瀬家と南山大学、愛知学芸大学（現・愛知教育大学）との間で文庫売却の下交渉が始められた。

　他方、六月三十日、町役場で岩瀬文庫後援会の設立準備委員会が開催される。会の趣意書には、「岩瀬文庫は岩瀬家先々代岩瀬弥助翁が我が郷土社会文化の向上に資する為、少からぬ資金を投じて建設されたもので、質量ともに全国に誇り得る一大至宝でありまして（略）然るに一方万代不易とも想はれた岩瀬家も時代の推移と先代の逝去等に伴い、遂に昔日の面目を失はれ、従って文庫の経営も消極的に終始し閲覧室事務室の如きも震災により倒壊のまま復旧されず、財団法人亦経済的の影響を受けて基本財産とそれより生ずる収入とは著しく価値を減少し（後略）」と郷土の宝である岩瀬文庫が消滅することへの強い危機感が記され、会の目的として、①岩瀬文庫を西尾町に存置すること、②蔵書の完全保存、③文庫の公園化、④閲覧室と事務室の再建、⑤新刊図書を購入し管理者を常設すること、が挙げられている。

　八月十二日には、委員九名と町長らが出席し、第一回岩瀬文庫対策委員会が開催され、その後も断続的に会議が開かれた。町が直接文庫を買収することは財政的に困難であったため、代わりに県に買収してもらい、県立図書館の分館として残すことが計画され、県への陳情や署名活動を行った。しかし、県に対しても、財団に対しても「要望」という間接的な形であったため、事態はなかなか進展をみせなかった。

　ようやく四年後の二十八年三月二十一日、岩瀬文庫対策委員会に財団理事長の岩瀬安雄と理事の阿知波岩夫が同席し、①財団は町へ文庫の土地と建物（書庫・児童文庫・住宅）を寄付する、②町は財団へ岩瀬弥助名義の町税滞納分と金二百円を支払う、③児童文庫は県が文庫の書籍を買上げて開館する（ように県に陳情する）、の三点が決定した。

　ところが翌年の七月十九日、対策委員のもとへ、「文庫の本一万冊が県へ売却され、今日明日のうちに運

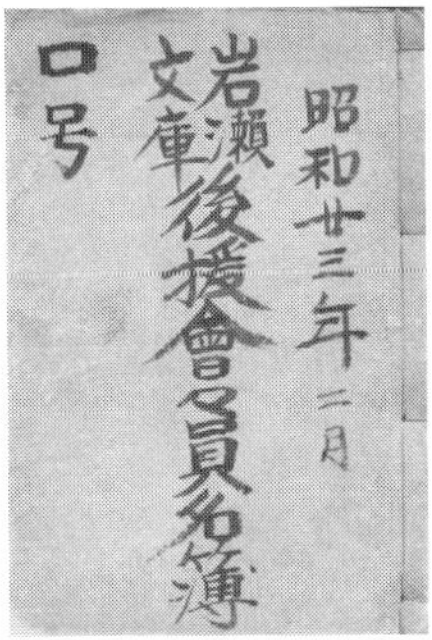

岩瀬文庫後援会会員名簿

び出される」との情報が入った。慌てた委員たちは翌日の朝六時に一色町在住の県議を訪問し、運搬を中止してもらうように依頼した。さらに二十四日の対策委員会で、①昨年十二月にすでに蔵書のうち四百八十冊を二百万円で売却した、②今回は一万冊を三百万円で売却し、県へ運ぶ予定だったが中止となった、③残りの本も愛知学芸大学や文部省から買収の申し入れがある、との報告がされた。危機感を募らせた委員らは八月の委員会で、「手放せば永久に手に入らず、後世に今の議員は何をしていたかと非難の的になる」「図書館として市で活用を」「岩瀬家の救済策として折衝すべき」と主張し、蔵書を西尾市（二十八年十二月に市政施行）が直接購入するべく方針転換が図られた。

その後、財団と市との間で折衝が行われ、結局、文庫の全蔵書を六年半の年賦払い（三十年四月に三百万円、以後毎年百万円）で購入すること、「岩瀬文庫」の名称を残すこと、などの条件で合意した。また、いったん県が買収した蔵書も市が買い戻すこととなった。

十二月十四日の市議会において「岩瀬文庫蔵書　九月末現在八万四七三七冊」を西尾市財産として取得することが議決され、岩瀬文庫は文字どおり市民の財産となった。

三十年四月、西尾市立図書館岩瀬文庫と改称、これを機に施設や公園の整備も進められる。壊れた建物やサルの檻は修繕され、ペンキが塗り直され、庭師が庭園の手入れをし、木々には名札が付けられた。これらの費用には市民からの募金が活かされたが、現金のほかに鶩鳥や鯉の寄付もあった。小学校や幼稚園の子供たちの見学も相次ぎ、岩瀬文庫にかつてのような活気が戻ってきた。十一月には新しい閲覧室も完成、新刊本の購入もはじまり、文庫は新時代の図書館として再出発する（その後の歩みについては84ページの年表参照）。

明治時代には、日本中に私立図書館が数多く作られたが、そのほとんどが時とともに散逸した。岩瀬文庫はその危機を乗り越えることが出来た稀な例である。その背景には、文庫への愛着と誇りを持つ市民の粘り強い努力と支援があった。

昭和30年に再建された閲覧室と
西尾幼稚園の子どもたち

【古典籍豆知識⑥】
文字の大きさ

江戸時代にも字の小さい人がいて、私の知る限り、その筆頭はかの村上忠順だ（30ページ参照）。出雲の国学者、森為泰《ためひろ》が忠順に送った手紙の中で、貴君はよくよく眼が良いと見えて、いつも細字だから、日暮に御書状を見たところ、さっぱり読めず、眼鏡を二枚用いてようやく読んだが、このごろの紙の高値に倹約かと妻と大笑いしたなどとからかっている。が、総じて江戸時代の書物の文字は大きくて、岩瀬文庫の悉皆調査では大量に書物を電覧したが、幸いに目を痛めることはなかった。江戸時代は灯火がはるかに暗かったし、読書するのは視力の良い者ばかりと限らないから、人に優しい作りとなっていることは重要だ。

そんな江戸時代でも、版本を通時的に概観すると、時代とともに文字は小さくなってゆく。それは、一文字あたりにかかる経費が右肩下がりで安くなったことを意味する。この傾向は明治以降も引き続き、活版印刷の導入により拍車が掛かるが、どこまでも小さくするわけにはゆかないから、書物の文字縮小化の歴史は終止符を打つ。それでも、主に製本の簡易化により、一文字あたりの低廉化は推し進められ、二十世紀の終わりごろに活字からコンピュータ写植への技術革命が行われて、さらにがくっと安くなった。これ以上は、紙媒体ではもう無理だろう。

一文字あたりの経費が安くなるとは、文字数を気にせず何でも自由に表現ができるということで、言葉を尽くした精細な描写を可能にするなど、文学の歴史と深くかかわる。それは良いことずくめかというと、そこが難しいところで、かえって文字数を浪費する散漫な描写が現れ、特に職業作家が原稿用紙一枚当たりで報酬を得る方式は、表現の堕落を招いてもいる。江戸時代の中期以前の文学、たとえば西鶴の浮世草子のように、厳しい文字数の縛りの中、絞り込んだ一文字一文字に彫琢を極め、主に暗示と省略という高度の技法を駆使して作り上げられた作品とは一線を画している。

もちろん書物が安くなることは、基本的に良いことだ。だが限界にまで達した今、書物に財貨としての価値がほとんどなくなってしまった。具体的には古書の価格が下落し、流通しにくくなった。その結果、時代を超えて何かを伝えるという、書物の重要な機能が失われつつあることを忘れてはならない。

学芸員日乗

四月○日　岩瀬文庫ボランティア説明会。毎年何人来てくれるかドキドキする。参加者は八名。先輩ボランティアが蔵書の修理の実演や活動内容、楽しさについて説明した。説明が上手なこともあって、四名が加入。新しい仲間が増えてとても心強い。

五月×日　市内の方が育てた伝統の桜草をお預かりして休憩室に展示。「伝統の桜草」とは、江戸時代から栽培・改良されている品種。「江戸時代の園芸」をテーマとした企画展の時「一緒に飾って」とお持ちくださったのがご縁。今年は十鉢。机を用意し、説明パネルを作成。毎年スタッフもお客様も楽しみにしている。

五月○日　次々回の展示を担当。楽しい展示を、とテーマは江戸時代のキャラクターを題材にしようかと思案中。最近のゆるキャラブームに乗っかってゆこう。関連する語句を書き出して章立てを考えたが、良い案が思い浮かばない。まずは、章立てにこだわらず資料を集めることにした。妖怪の資料や過去の展示で愉快な登場人物を集める。

五月×日　岩瀬文庫の『漂《ひょう》流記集《りゅうきしゅう》』を出版物に掲載したいという問い合わせあり。「虚《うつ》ろ舟」の図が、最近「江戸時代のUFO」として話題となっている模様。出版社には必要手続を回答。広く頒布される雑誌に掲載されるとのこと。

五月○日　月に一度のボランティア連絡会。今日から新会員が登場。体験講座「和装本をつくってみよう」のアシスタントを募集して八名来てもらえることに。講座までに定員（二十名）分の表紙を用意するために、紙屋で大きな色和紙を三枚購入。決められたサイズに切る作業は半日かかった。

五月×日　半田市の古文書を読む会の方々がこれから読むテキストを探しに来た。「次は何が良いかなあ」と質問されたので「岩瀬文庫同好会は『師崎日記』が面白いと言ってましたよ」と伝える。その後いくつか資料を見て、『師崎日記』を含めて二、三点をコピーしていく。定期的に市内、市外の古文書を読む会の方々がテキストを探しに来る。別のグループにも『師崎日記』を勧めたらテキストに使ったという。『師崎日記』が人気資料になっている。毎回数人で資料を見ながら協議しているのはとても楽しそう。

五月○日　午後、展示解説。十五名ほどのお客様が来てくれた。常連さんも多い。とても楽しんでもらえたようで解説の後も残ってじっくりご覧になる方が多かった。嬉しい。

五月×日　今週の初めから五日間ボランティアによる保存・修理作業。切れた糸の取替えと中性紙の保存箱作成。この五日だけで糸直しを百十六冊、中性紙の保存箱を四十箱作成。展示のため貸し出す本もあったのですぐに修理してもらえてよかった。

六月○日　体験講座「和装本をつくってみよう」開催。和紙と絹糸で四つ目綴じ本をつくる。小学生も含め、二十名が参加。ボランティアのアシスタントのおかげで全員、美しい仕上がり。こよりを作るのが難しいようだったが、手先の器用な参加者は上手に作ることができていた。最後は完成した本を持って記念撮影。みなさん、満面の笑顔。

六月×日　東京大学史料編纂所の田島公先生の講演会。雨の中、多くのお客様でほぼ満席。講演後の質疑応答では活発なやりとりがあった。夜は先生を囲んで懇親会をする。

六月○日　中日新聞が展示の取材に来庫。概要の説明をして、写真を三枚ほど撮影する。展示を見ていた親子連れにモデルになってもらった。三日後くらいに記事になるとのこと。

六月×日　休館日に八月の皇太子殿下行啓に向けてのリハーサル。午前中に、当日と同じ状態を再現するため、家具や展示物を移動。展示ケースは重いので四人がかりで運ぶ。しかし、床に傷がついてしまった…。本番では何か対策をすること。

六月○日　そろそろ自分が担当する企画展の資料を決めなくては。資料が多すぎて困ったが、色々見て二十点は決定。残り十五～二十点。五章にわけて展示を組み立てる。しかし、未だ選定が終わっていない。最終章には黄表紙を展示する。二百点以上も所蔵する黄表紙を全て確認するなんて無謀だったのかもしれない。

七月×日　第二回にしお本まつり実行委員会。今年も十月二十五日（土）、二十六日（日）の二日間行う。第二回の今日は各催しのちらしの原稿作成の依頼、スタッフ用駐車場の確認をした。昨年は両日とも晴れだったので今年もとにかく晴れてほしい。

七月○日　寄託・寄贈された資料の害虫を殺す燻蒸作業。専用の袋に資料を入れ、空気を抜く。窒息しないように部屋の換気をしっかりしてから炭酸ガスを入れる。充満したことを確認し、二週間このままにする。資料点数が多いのであと二回はやらなければいけない。最近は、市史の広報のおかげか資料がよく集まってくるようになった。嬉しく有難い。計画的に整理を行い、ためてしまわないように注意。

七月×日　展示資料が決まった。二百六十点ほどの中から、惜しみながらカットし、三十四点に絞った。巻子本を広く開けるようにいつもより点数は少なめ。彩色豊かな賑やかな展示になりそうなので、パネルを使って壁も華やかにすることを計画中。子どもたちでも、くずし字を読めない人でも楽しめるような、古典籍が身近に感じられる展示を目指す。

七月○日　今日はポスターや図録に使用する資料撮影。既に撮影済みの資料を除いて二十六点をカメラマンに撮影してもらう。およそ五十カットほど。

七月×日　そろそろ市広報誌の連載記事「文庫コレクション」の締切。毎回発行日に近い企画展示に出品される資料から選ぶ。それでも種類が多く、何を紹介しようか悩むが、今回は黄表紙の『竹斎老宝《ちくさいろうたからの》山吹色《やまぶきいろ》』にする。簡潔に、わかりやすく伝えるために言葉を柔らかくするなど試行錯誤の連続。この古書の面白さをなんとか伝えたい。

八月〇日　皇太子殿下行啓。朝から外の落葉を掃き、看板を動かし汗だくになってしまった。ご到着は夕方なので、それまで念入りにリハーサル。今までの人生で一番緊張したが、殿下とお会いしたらその優しいお人柄のおかげか、リラックスしてお話できた。「岩瀬文庫には以前からずっと来たいと思っていました」との大変嬉しいお言葉を頂戴した。岩瀬文庫のこれからにとって重要な一日だった。

八月×日　企画展示のポスター・ちらしの原稿を印刷業者へ渡す。それまでに展示解説や催しの日にちを決定し、グラフィックイメージを固める。「江戸きゃらくたあ図鑑」という展示会タイトルの通り、賑やかで目を引くようなデザインにしてもらいたい旨を伝える。どのようなデザインが出てくるか楽しみ。

八月〇日　お盆中も変わらず開館。お盆は遠方のお客様が多く来庫する。今日も閲覧者が多く、職員全員で出納と片付け。蔵書の掲載誌を持って、これが見たいというお客様が来庫されたが、資料名が違っていて、検索しても該当がないという事態がおこった。なんとか突き止めることができ、閲覧してもらえてよかった。資料名は正しく載せてもらいたいものである。

八月×日　今日から一週間、学芸員の資格取得を目指す大学生が来て、博物館実習を行う。今年の実習生は四名。「小学生のときに、職場体験で岩瀬文庫にきました」という学生がいた。いわれてみれば面影があり、感慨深い。まずは館内案内や資料の扱い方の実習。当文庫では蔵書を使った企画展示案の作成を課題に課す。今年はどんな展示案が出てくるのか楽しみだ。素敵な案が出れば自分の展示ネタの参考にしたいと密かに思う。

八月〇日　図録・キャプション（解説パネル）の入稿。五時に印刷会社へ引き渡しの約束だったが、四時半頃まで原稿を書いていた。なんとか原稿と写真を揃えて渡すことができた。図録は、今回は写真がメインなので写真を大きく、隙間に切り取ったキャラクターたちを散りばめてもらいたいと伝えた。展示室でも、資料の間にキャラのパネルを置きたいのでいくつか作ってもらうように依頼をした。

八月×日　今日は資料調査に参加。一点一点の内容などわかることは全てカードにして、今後データベースに反映される。地名や言葉など辞典で調べつつ内容をまとめていく。今日は難しい地誌にあたってしまい一点しか調査できなかった。しかし、調査に参加して先生から教えてもらうことはとても実になる。

八月〇日　一宮市より高校生達が三十名、バスで研修にやってくる。館内の見学のあとは保存箱作り。自分の名前を完成した箱に記入するので、「本とともに名前が半永久的に残ります」と伝えたらみんな目を輝かせていた。その後、文庫資料の閲覧。『ささやき竹物語』などの美しい絵巻や『枕草紙』などの教科書で出て来た本を前にして恐る恐る触っているようだったが、「こんなに紙が違う」など驚きながら嬉しそうに参加してくれた。この体験が生徒たちの記憶に一生残っていくことを願う。

九月×日　他県の博物館の企画展示のための資料貸出。一

点一点入念にチェックした後、梱包され、美術品専門車両で運搬されていった。展覧会が終わるまでは帰ってこないので少し寂しい。しかし、岩瀬文庫の蔵書が他館の展覧会に出品されるのはとても誇らしい。

九月〇日　ついに展示替えが始まる。火曜日は前の展示の撤収作業なので、音声ガイドとホームページの企画展示の原稿作成。その間にも資料の複写や特別利用の申込みの電話がかかってくるので対応。今日だけで四件の申込みがあった。

九月×日　展示替え二日目。キャプションはまだ届いていないが、とりあえず本を並べ始める。位置もおおよそでしか決めていないので一度並べてみて微調整。巻子本は一つのケースに二点。綺麗な絵巻物は大きく広げた方が迫力を感じるが、広げきれない巻子本もあるので残念。まだ並べ終えてないが、夕方から明日のボランティアの役員会の準備に取りかかった。本まつりまで残り一カ月なので準備も佳境に入ってきた。

九月〇日　キャプションが届いた。午前中はボランティアの役員会に出席。午後から本格的に展示の準備。資料の位置が決まり、いよいよキャプションを並べる。壁に虫ピンで打ち付けていくが、すぐに曲がってしまいやり直しの繰り返し。五十枚ほどあるので時間がかかるが、ここで問題が発覚した。キャラを切り取ったキャプションを壁に貼る予定が予想外に小さく隙間が埋まらない。並べた資料を取り出して自分で撮影し、カラープリントしてパネルを作成することにした。他職員も巻き込んで作業にとりかかる。これがないと壁が埋まらないので明日までには仕上げたい。

九月×日　展示替え最終日。昼までにキャプションの作成が終了し、あとは貼るだけ。本とのバランスを考えながら並べ、ピンや画鋲を使って貼る作業が全て六時に終了。企画展示室の扉をあけた時の達成感はなんともいえない。その後音声ガイドを吹き込み、八時に終了。しかし、なぜか音声ガイドの機械にデータを移すことが出来ず、説明書と格闘すること一時間。やっとデータを移しはじめ、結局全て終わったのは十時。

九月〇日　ついに企画展示が始まる。これから二カ月ほどは、団体の案内や講座、新聞社やテレビ局の取材が待っている。

九月×日　市内の小学生百五十名ほどが総合学習のため見学。三グループに分かれてDVD（「岩瀬文庫のあゆみ」）鑑賞と全体解説、展示室で展

示解説、旧書庫見学を行った。旧書庫の中で鉛筆を落とす子達が二名ほどいたので困った。床が隙間のある板張りなので下の階まで落ちてしまう。隙間に子ども達は「怖い」と大騒ぎ。なぜか男の子達の方が怖がり、女の子は平気そうだ。子ども達の質問には毎回驚かされる。今回は「弥助さんは恋愛結婚ですか?」という小学生らしからぬ、しかし小学生しか聞けない質問をされた。興味をもって聞いてくれるのでこちらもやりがいを感じる。

九月〇日　岩瀬文庫の『料理献立集』の写真をテレビ番組で使いたいという東京のテレビ局から問い合わせあり。放映日は三日後なので、すぐ写真が欲しいという。該当するカットの写真を探したが、未撮影で手続きも間に合わない。直接撮影に来る時間もない。同じ資料を所蔵している東京の館を調べて教える。どっと疲れてしまった。こうした乱暴な要望をしてくる場合ほど、「放送時間の都合でボツになりました」と言ってくることが多い。

十月×日　今日はご先祖を調べたいというお客様が来庫。今月はこれで三人目。定年後に家系図を作ろうという人が増えている。何も手がかりがないというので、関連しそうな資料を少しお出ししたが、不明なままだった。ご本人や親戚の家に資料が残っていないと難しい。

十月〇日　昨年からはじまった絵図・地図デジタル化事業では、全部で約九百五十点を撮影し、平成三十年度にデータベース上で公開する。その撮影資料貸出のため、絵図や地図類を事前にチェック。四十五点を全て一度開いて、ヤブレや虫食いなどの状態チェックと書かれた内容を確認する。注意すべきことを記入し貸出に備える。チェックだけで半日かかってしまった。

十月×日　絵図・地図デジタル化のため、撮影をしてもらう業者へ資料を搬出。撮影が終了して返却された資料を確認し、見送って終了。

十月〇日　いよいよ明日は本まつり。会場設営に走り回る。テントや古本市のワゴンなどが届き、古本屋さんたちの搬入も始まる。ボランティアさんに手伝ってもらい、旧書庫の掃除や本まつり用のタペストリーをかける作業を行った。岩瀬文庫、図書館や公園に本まつりのロゴがはためいている様子は壮観。いよいよ明日からなので気を引き締める。

十月×日　本まつり一日目。晴れたこともあってお客様の入りも上々。古本市や屋台もなかなかの賑わい。今年もゆるキャラ「まーちゃ」と「あさりん」が登場。職員が中に入るが、十五分で限界を迎え退場。スタッフたちも楽しんでいるようでよかった。駐車場が混雑してきたため、数人で整理に向かう。

十月〇日　本まつり二日目。本日も晴れ。子ども達の手に図書館でやっている工作の催しで作ったものが握られている。講演会には本好きのお客様が百名ほど集まった。家族連れが多くなったので雰囲気が明るくなり、とても良いことだと思う。今年も皆さんに楽しんでもらえたようで、のべ五千八百名の参加者だった。

十月×日　今日は会場の片付け。古本市の片づけや借りているテントや机、ワゴン、椅子などの撤収などを行う。二日間の賑わいが嘘のように何もなくなってしまった広場は少し寂しい。

十一月〇日　今日から三日間

中学生の職場体験。本に興味があるという生徒たちが参加した。将来本屋の仕事をしたい子もいる。岩瀬文庫に来たからにはここでしか学べないことを習得してほしい。糸の取り替え作業中には先生が来庫され、「うらやましい」という声をかけていた。

十一月×日　明後日から古文書講座の受け付け開始。担当者は資料作成の真っ最中。一時間半で読める量か、難易度は適当か考えながら、まだどの資料を使うか悩んでいる。

十一月○日　今日から古文書講座受付開始。来庫される方やお電話の方も。常連さんの申込みあり。初めてだけど、と遠慮がちなお客様には初心者向けだということを説明したところ、申込んでくれた。

十一月×日　閲覧のお客様が多い一日だった。書庫から戻ってきては、また書庫へ戻るの繰り返し。閲覧時間終了後、職員全員で蔵書を中性紙の保存箱へ戻す作業。八十点ほどあったので机いっぱいに広げ、三十分ほどで終了。書架へ戻す作業が一苦労。

十一月○日　団体見学の案内。市外から十五名来庫された。岩瀬文庫紹介ビデオ鑑賞の後、展示室の案内と閲覧。駅から歩いてきてくれたとのこと。閲覧資料はこちらで選んでほしい、とのことなので『枕草紙』『道成寺絵巻物』『百万塔陀羅尼』『本草図説』など絵が綺麗なものを中心に八点お出しした。熱心にご覧いただき、閲覧時間を超過。電車の時間が心配でこちらがハラハラした。

十一月×日　岩瀬文庫ボランティアのバス研修。今年は南知多へ。内田佐七家では、観光ボランティアさんの案内で見学。見学地が多く時間が足りない。後ろ髪をひかれつつ次の目的地へ。全員熱心に案内を聞いていたのでしっかり勉強できたようだ。お昼は大アサリや海老フライの定食に大満足。

十一月○日　関東から「ご先祖のことを調べに」と来庫。明治の初めに、西尾から移住したと祖父から伝え聞いているとのこと。幸い除籍謄本を持ってこられたので見せてもらう。「字が崩れているので読めない」というので一緒に読む。当時の住所から住んでいた場所を地図で確認。同じ姓の家が何軒もあるので「親戚かもしれないので話を聞きに行ってくる」とのこと。何か手がかりがみつかると良いのだが。

十一月×日　古文書講座。午前と午後の二回にわけて行う。定員は各回三十人。「とても楽しかった」と初参加の方に言ってもらえた。質問等で三十分も超過してしまったので気をつけないと。

十一月○日　展示が終了。今回は見やすく、文字が読めない人でも楽しめる展示を目指し、台詞を吹き出しで表示するなどに工夫した。お客様には「可愛い」と好評だった。しかし、見て楽しめはしても、あまり深く調べられなかったこともあり、説明文が概要しか書けず薄くなってしまった。また、内容も自分で読めていないところもあったので展示解説の質問に答えられないこともあり、反省。賑やかで楽しいだけでなく、古書の面白さ、内容について深く学べる場にしたい。そのためにも、普段から自分なりの主題をもち、せっかくのデータベースを活用しながら、文庫の資料に精通したい。

岩瀬文庫 略年表

元号	西暦	弥助年齢	月日	岩瀬弥助と岩瀬文庫の事跡
慶応3	1867	0歳	10月6日	愛知県幡豆郡西尾町大字須田49番戸にて父岩瀬（分家）弥蔵、母みねの長男として生まれる。幼名は吉太郎。
慶応4	1868	1歳	3月7日	岩瀬本家二代目の祖父栄助が死亡。弥助の叔父猪代治が三代目弥助として家督を継ぐ。
明治2	1869	2歳	11月13日	妹（長女）いほが生まれる。
明治13	1880	13歳	1月5日	母みね死去。その後、父が再婚。
明治16	1883	16歳	3月2日	弟一次が生まれる。
明治20	1887	20歳	4月1日	須田町の宇野卯平の養子となる。
			7月24日	本家の叔父猪代治死亡。
			8月15日	宇野家との養子縁組を解消。本家の養子となり、猪代治の長女れいと結婚。四代目岩瀬弥助となる。
明治21	1888	21歳	7月	矢島貞廉らがつくった学習会「談話会」に入り幹事となる。
明治24	1891	24歳		康全寺に設立された私立幼稚園へ毎年16円の寄付をする。これは最高額であった。
			10月25日	長男真一郎が生まれる。
明治30	1897	30歳	5月15日	妻れいが死亡。
明治31	1898	31歳	3月8日	西尾町長に就任。肥料商として郡内一の資産家となる。
明治32	1899	32歳	7月30日	町長を辞任。以後は政治へほとんど関心を向けなかった。
明治34	1901	34歳		日本赤十字社愛知支部へ500円（300円の説も）を匿名で寄付。
明治36	1903	36歳		弥助の年間所得1万2059円。郡内で1万円を越える所得者は他にいなかった。この頃、文庫設立を構想したという。
明治37	1904	37歳		多量の本を買い集め始める。費用は毎月約200円。日露戦争の救護費として100円を寄付。
明治39	1906	39歳	12月28日	「西尾の奇傑、岩瀬弥助」の見出しで扶桑新聞が弥助の文庫設立計画について報道。
明治40	1907	40歳	1月	文庫建設を進める一方、大橋図書館、岩崎図書館、帝国図書館、水戸図書館を視察し、文庫の設計を変更する。
			5月	京都の山本読書室の蔵書を購入。
			10月6日	弥助の満40歳の誕生日。この日までの文庫完成は成らず、工事現場で内祝いをする。この頃、伊文神社の石燈籠を奉納か。
			10月19日～21日	第二回全国図書館大会（東京）に出席。図書館協会特別会員となり、以後ほぼ毎年全国大会に参加。

明治41	1908	41歳	5月6日	岩瀬文庫開館式。出席者百数十名。開設時の蔵書数約2万7500冊。当初の開館日は週1日であった。
明治42	1909	42歳	5月2日	本町の鳥山伝兵衛らが西三軌道株式会社（後の西尾鉄道）の設立を構想し、弥助もこれに加わる。
			7月8日	西三軌道株式会社発起人総会が岩瀬文庫で開かれ、弥助が社長に就任する。
明治43	1910	43歳	8月13日	京都の公家柳原家の蔵書を購入する。
明治44	1911	44歳	10月29日	西尾・岡崎間の軽便鉄道開通式、翌日より営業開始。
明治45／大正元	1912	45歳		江ノ島・鎌倉・強羅へ旅行をする。
大正3	1914	47歳		文庫の蔵書が約4万3000冊となる。
大正4	1915	48歳		西尾町公死傷者救済基金として500円を寄進する。
			7月	施設拡張のため文庫を一時閉館する。
大正6	1917	50歳	7月31日	書庫などの増築工事が本格化。妻れいの実母江いが死去し、供養のため金5000円を町に寄付して貧民救済にあてる。
大正7	1918	51歳		文庫の蔵書が約5万5000冊となる。
			3月	町立西尾高等女学校の設立のため4500坪の土地を寄付する。
				浄賢寺の書院を再建する。
大正8	1919	52歳	4月1日	西尾蚕糸学校（現・県立鶴城丘高校）建設に際し、弟一次の子弥一とともに6000円を寄付する。
大正9	1920	53歳		柳田国男（民俗学者）が岩瀬文庫を訪れるが、閉館中であった。
			5月	全国図書館協会満鮮大会に出席するため、朝鮮・満州を2週間旅行する。
大正10	1921	54歳	12月	増改築工事が完了し、文庫が再び開館する。
大正11	1922	55歳		尾崎久弥（江戸文学研究家）が弥助と親交を深める。
			7月	西尾鉄道社長を退任。それでも岩瀬一族が所有する西尾鉄道の株は全体の14・5%を占めていた。
大正12	1923	56歳		文庫の蔵書約8万冊。西尾幼稚園が開設された際に文庫の猿ハッカーを寄付する。
			5月22日	北海道から樺太方面を旅行する。
			9月1日	関東大震災が起こる。被災者の被災証明書（乗車・乗船券）が文庫にある。
大正13	1924	57歳		西尾鉄道の電化のために愛知電気鉄道への吸収合併に尽力する。
			4月下旬	本町の岩崎明三郎・彦坂駒吉・鈴木八左衛門と台湾旅行。
			7月	西尾鉄道本社が完成。
			9月24日	紫綬褒章を受ける。
				渡辺政香『三河志』の寄託を受ける。
大正14	1925	58歳		この頃より高木習吉（もと大蔵省専売局勤務）が岩瀬文庫の専任司書となる。
大正15	1926	59歳		渡辺政香の旧蔵書を一括購入する。県立西尾中学校建設のため1万5000円の寄付を約束するが、西尾鉄

				道の電化や本社移転に関する対立で、弥助名義では寄付をしなかった。
			1月	児童文庫が完成し、弥助の文庫構想が完成する。
			3月	弥助「西尾町須田の薬師堂千体仏の供養」の文章を書く（『尾三新聞』に寄稿か）。
			12月	西尾鉄道が愛知電気鉄道に吸収される。
昭和2	1927	60歳		文庫の蔵書が約9万冊となる。朝鮮へ旅行する。
昭和3	1928	61歳	6月	舞木廃寺・猿投神社等を参観する。古代瓦土器類などの考古学に関心を持つ。
			9月	西尾小学校本館の建設費として多額の寄付をする。
			10月18日	重複本を整理し、京都の佐々木書店へ約３５００冊を売却する。
			11月1日	御大礼記念社会教育功労賞を受ける。
昭和4	1929	62歳		夏より体調を悪くし愛知医科大学病院に入院する。肺がんとも胃がんともいう。
			9月26日	後妻のうらを入籍する。
			10月6日	岩瀬文庫を財団法人にするための遺言書を書く。
昭和5	1930	63歳	1月3日	弥助死去。葬儀は6日に浄賢寺で行われた。
昭和6	1931		4月13日	財団法人岩瀬文庫となる。初代理事長は弥助の長男真一郎（弥助を襲名）。
昭和8	1933			この頃、日曜日のみの開館となる。
昭和12	1937			財団基本金を戦闘機建造等のために国へ献金。財団経営に大きな影響を及ぼす。
昭和17	1942			戦時供出のため、門扉・シャンデリア・砲車・戸の引き手等、金属の備品が悉く回収される。
昭和19	1944			東南海地震。その後も岩瀬文庫は開館。
昭和20	1945		12月7日	文庫の日誌に「来館者ナカリシハ遺憾」とある。戦時中も月に数日開館し、日に数人の来館者があった。
			1月7日	三河地震によって多くの建物が被害を受ける。堅牢な造りの書庫は無事であったが、書架が倒れて本が散乱。
			1月13日	以後休館。
				本館と付属建物を日本ベークライトに売却。書庫・児童館・居宅・物置を残すのみとなった。
			4月	再び開館。倒壊を免れた児童文庫を閲覧室兼事務所として使用した。
			9月22日	高木習吉死去（69歳）。三河地震後、極寒の書庫内で散乱した蔵書を整理し続けて倒れたという。
昭和22	1947		12月30日	『三河新聞』に「経営難の岩瀬文庫 蔵書買収の申し込み有り 西尾の文化財を手放すな」の記事が掲載される。
昭和23	1948		10月5日	地元住民が岩瀬文庫後援会（仮称）を設立。発起人代表は柴田實・鳥居清吉・米津豊治。
昭和24	1949		2月	岩瀬真一郎死去。長男の安雄が文庫主となり開館を続けるが、相続税に悩む岩瀬家と南山大学、愛知学芸大
			3月	学（現・愛知教育大学）との間で売却の下交渉が進められる。
			8月12日	西尾町が文庫の西尾存置を目的とする岩瀬文庫対策委員会を設置。県図書館の分館とするべく、愛知県に買収を求める陳情活動や署名運動などを進める。
昭和28	1953		3月16日	西尾小学校校庭に岩瀬弥助の胸像が建てられる（のち岩瀬文庫旧書庫前へ移築）。

昭和29	1954	3月21日	文庫の土地建物を財団が西尾町へ寄付し、町は岩瀬弥助名義の町税滞納金等を支払うことが決まる。
		12月	市制が施行され、西尾市となる。
		7月	県へ文庫の蔵書の一部売却と運搬が始まる。市が中止を要請。
		8月	市が文庫の蔵書を購入する方向で財団と交渉し、合意。県が買収した蔵書は市が買い戻すこととなり、一度運び出された本も返還された。
昭和30	1955	12月14日	西尾市が財団より岩瀬文庫蔵書8万4737冊を取得。
		4月	「西尾市立図書館岩瀬文庫」となり、施設と公園の再整備が始まる。
		11月3日	木造平屋建の閲覧室が完成。ブランコや滑り台を設置。
昭和42	1967	6月10日	鉄筋コンクリート2階建の西尾市郷土館（小笠原三九郎顕彰記念館）が建てられ、岩瀬文庫閲覧室としても使用される。
昭和58	1983	8月	市立図書館の本館が開館。
平成2	1990	11月	礒貝逸夫著『岩瀬弥助の生涯』（三河新報社）出版。
平成6	1994	4月1日	文庫の再整備の準備のため市教育委員会文化振興課へ移管。「西尾市岩瀬文庫」と改める。
平成7	1995		日本国際博覧会協会PRカレンダーとポスターに『本草図説』の写真が使用される。カレンダーは「全国カレンダー展」（(社)日本印刷産業連合会主催）で総理大臣賞を受賞。
平成10	1998		県の「魅力ある愛知づくり事業」に採択され、岩瀬文庫の再建事業が始まる。
平成11	1999	6月	岩瀬文庫旧書庫、児童館（現市立図書館おもちゃ館）が国の登録有形文化財となる。
平成12	2000	6月	全蔵書の書誌調査「岩瀬文庫平成悉皆調査」が始まる（岩瀬文庫資料調査会　会長は名古屋大学文学研究科　塩村耕）。
平成15	2003	4月2日	岩瀬文庫の新たな本館と収蔵庫が完成、「古書の博物館」として開館する。
平成17	2005	4月	岩瀬文庫ボランティアが活動を開始する。
		3月25日〜9月25日	『本草図説』が日本国際博覧会「愛・地球博」瀬戸愛知県館の展示「森の書斎」で使用される。
平成18	2006	10月27日〜29日	第1回にしお本まつりが開催される。以後、毎年開催。
平成19	2007	12月	岩瀬文庫が愛知県下で34施設目の登録博物館となる。
平成20	2008	5月6日	岩瀬文庫が創立100周年を迎える。「全国文庫サミット」開催。「岩瀬弥助記念書物文化賞」創設。
平成28	2016	8月7日	皇太子殿下が岩瀬文庫へ行啓される。

にしお本まつり

西尾は「本の町」である。それは読書が推奨される町という意味だけではない。書物の公共利用を通して、地域文化の発展と、先人の知恵の恒久保存をめざすという、岩瀬弥助の崇高な志を受け継ごうとする町なのだ。

そんな書物と特別な関わりのある町として、平成十八年より毎年一回、十月の末ごろに「にしお本まつり」が催されている。ボランティアの手作りによる、まさに市民文化祭だ。

多彩な催しの一部を紹介すると、たとえば地元三河の古書店が総力を挙げて取り組む本格的な古書即売会。図書館や市民の不要本の無料配布もある。書物をテーマにした作家や研究者による講演会。江戸時代の古書を手に取る体験ができる「ミニミニ閲覧室」。文庫に数多くある料理本を再現したレシピによる「江戸時代料理教室」。文庫旧書庫（国登録有形文化財）の特別公開も人気の催しだ。民話の「おはなしメドレー」など、子どもむけの催しも多い。

生き生きと働くボランティアたちの背には「本が好き／人が好き／三州西尾です」の文字（日本文化史研究の故・桜井好朗先生揮毫）が誇らしげに躍っている。

文庫前の古書即売会

21世紀の岩瀬弥助、求む！

岩瀬文庫は昭和5年の岩瀬弥助没後、80年以上、蔵書はほとんど増加していません。ところが、現代でも優良な古書は流通しており、岩瀬文庫のように豊富な内容を持つ文庫は、もう少しの計画的な増補を加えてやることによって、理想の蔵書に近づくことができるのです。そんな文庫を未来へ届けることにより、われわれの時代の心意気を見せようではありませんか。

そのために使途を限定した寄付を募っています。金額の多寡は問いません。寄付の方法や条件、また寄付者の顕彰の仕方などの詳細については、文庫に問い合わせて下さい。

［編者略歴］
塩村 耕（しおむら・こう）
名古屋大学文学研究科教授（日本文学）。1957年、兵庫県生れ。東京大学文学部国文学専修課程卒業。専門は、井原西鶴を中心とした近世前期文学、書物文化史など。2000年6月より岩瀬文庫の悉皆調査と詳細な書誌データベースの作成に没頭、2017年中に完成予定。データベースは岩瀬文庫のホームページより公開中。

［執筆者・執筆分担一覧］（50音順）
青木眞美（あおき・まみ）西尾市岩瀬文庫学芸員
　＊学芸員日乗、にしお本まつり
神尾愛子（かみお・あいこ）西尾市岩瀬文庫学芸員
　＊ゆかりの地、思い出の品々、弥助没後の危機と文庫存続運動
林 知左子（はやし・ちさこ）西尾市職員（元・岩瀬文庫学芸員）
　＊岩瀬文庫早わかりQ＆A、学芸員日乗

　＊上記以外は塩村執筆。

企画／にしお本まつり実行委員会

装幀／三矢千穂

三河に岩瀬文庫あり――図書館の原点を考える

2016年12月8日　第1刷発行
2017年2月20日　第2刷発行

編　者　塩村　耕
発行者　山口　章

発行所　名古屋市中区上前津2-9-14　久野ビル
電話 052-331-0008　FAX052-331-0512　風媒社
振替 00880-5-5616 http://www.fubaisha.com/

乱丁・落丁本はお取り替えいたします。　＊印刷・製本／シナノパブリッシングプレス
ISBN978-4-8331-1544-5

小松史生子 編著

東海の異才・奇人列伝

徳川宗春、唐人お吉、福来友吉、熊沢天皇、川上貞奴、亀山巌、江戸川乱歩、小津安二郎、新美南吉…なまじっかな小説よりも面白い異色人物伝。芸術、芸道、商売、宗教、あらゆる人間の生の営みの縮図がここに！

一五〇〇円＋税

日本近代文学会東海支部

〈東海〉を読む

近代空間と文学

坪内逍遙から堀田あけみまで、東海地方ゆかりの作家や、この地方を舞台にした小説作品を俎上にのせ、そこに生成した文学空間を読み解く。日本文学・文化研究の次代＝時代を切り開くべく編まれた論集。

三八〇〇円＋税

松岡敬二 編著

古地図で楽しむ三河

地図から立ち上がる三河の原風景と、その変遷のドラマを追ってみよう。地域ごとの大地の記録や、古文書、古地図、古絵図に描かれている情報を読み取ることで、忘れがちであった過去から現在への時空の旅に誘う。

一六〇〇円＋税